周蓓 主編

『民國專題史』叢書

(英)殷格蘭姆 著 唐道海 譯

河南人民出版社

奴隸制度史

敘述世界上各時代不同地區奴隸制度的興廢，包括古代希臘奴隸制度、農奴制度之廢除、非洲奴隸貿易及黑奴反抗、黑奴制度之廢除、俄國及東方回教諸國之奴隸制度等

圖書在版編目(CIP)數據

奴隸制度史 / (英)殷格蘭姆著; 唐道海譯. —鄭州 :
河南人民出版社, 2016. 4(2017. 1 重印)
(民國專題史叢書 / 周蓓主編)
ISBN 978-7-215-10036-7

Ⅰ. ①奴… Ⅱ. ①殷… ②唐… Ⅲ. ①奴隸制度-
歷史-世界 Ⅳ. ①K12

中國版本圖書館 CIP 數據核字(2016)第 079686 號

河南人民出版社出版發行
(地址 : 鄭州市經五路 66 號　郵政編碼 : 450002　電話 : 65788063)
新華書店經銷　河南新華印刷集團有限公司印刷
開本 710 毫米×1000 毫米　1/16　印張 19.75
字數 290 千字
2016 年 4 月第 1 版　2017 年 1 月第 3 次印刷

定價 : 129.00 圓

出版前言

中國現代學術體系是在晚清西學東漸的大潮中逐步形成的。至民國初建，中央政治權威進一步分散和削弱，加之新文化運動帶給國人思想上的空前解放，新學的啓蒙，新知識分子的産生，民國學術如草長鶯飛，進入一個自由而蓬勃的時代。中國傳統學科乃中國學術之根基與菁華所在，民國學人采用『取今復古，别立新宗』之方法，引入西方的學術觀念，積極改造，使史學、文學等學科向現代學術方向轉型。此外，大力推介西方社會科學的新學科和自然科學，在學習、借鑒乃至移植西方現代學術話語和研究範式的過程中，逐漸建立中國現代學科，使中國的學科門類迅速擴展。一時間，新舊更迭，中西交流，百花齊放，萬壑争流，開創了中國現代學術的源頭。

伴隨知識轉型和研究範式轉换而來的，還有學術著作撰寫方式的創新。中國古代的著作向來以單篇流傳，經後人整理匯編後，方以成册成集的面目出現并持續傳播。直到十九世紀末，東西方的歷史編撰體裁不外乎多卷本的編年體、紀傳體和紀事本末體等，章節體的出現標志着近代西方學術規範的産生和新史學的興起。章節體具有依時間順序，按章節編排；因事立題，分篇綜論；既分門别類，又綜合通貫的特點。以章、節搭建起論述之框架，結構分明，邏輯清晰，較傳統的撰寫體裁容量大、系統性强。它的傳入，使中國現代學術體系從内容到形式被納入了全球化的軌道。民國時期專題史的研究、譯介、編纂、出版恰恰是在這樣的背景下欣欣而發，是學術的實驗場，也是歷史的記録儀。編選『民國專題史』叢書的初衷正是爲了從一個側面展示中國學術從傳統向現代過渡的歷史進程。

專題史是對一個學科歷史的總結，是學科入門的必備和學科研究的基礎，也是對一個時代艱深新鋭問題的解答，是學術研究的高點。民國專題史著作中，既包含通論某一學科全部或一時代（區域、國别）的變化過程的，又囊括對一時代或一問題作特殊研究的，還有少部分是對某一專題的史料進行收集的。原創與翻譯并重，翻譯的底本大多選擇該學科的代表著作或歐美大學普及教本，兼顧權威性和流行性，其中日本學者的論著占據了相當比重。日本與中國同屬東亞儒家文化圈，他們在接納西方學術思想和研究模式時，已作了某種消化與調適，從思維轉換的角度看，更便于中國借鑒和利用，他們的著作因而被時人廣泛引進。

與當代學術研究日趨專業化、專門化、專家化的『窄化』道路迥乎不同的是，中國傳統學術崇尚『學問主通不主專，貴通人不尚專家』的通識型治學門徑，處于過渡轉型期的民國學術在不同程度上保留了這種特徵。民國學術大師諸學科貫通一脉、上千年縱横捭闔之功力自不待冗言，外交家著倫理政治史、文學家著哲學史、化學家著戰争史等亦不乏其人，民國專題史研究呈現出開放、融通、跨界撰述的特點。與此同時必須看到，自晚清以來，中國的命運就在外侮屢犯、内亂頻仍的窘境中跌宕彷徨，民族存亡仿若命懸一綫。這股以創建學科、總結經驗、解決問題爲指歸的專題史出版風潮背後，包裹着民國學人企望以西學爲工具拯民族于衰微的探索精神，及以學術救亡的愛國之心。梁任公曾言：『史學者，學問之最博大而最切要者也，國民之明鏡也，愛國心之源泉也。』這種位卑未敢忘憂國的歷史使命感和國民意識是令人無法漠視和遺忘的。

『民國專題史』叢書收録的範圍包括現代各個學科，不僅限于人文社會科學，學科分類以《民國總書目》的分科爲標準，計有哲學、宗教、社會、政治、法律、軍事、經濟、文化、藝術、教育、語言文字、中國文學、外國文學、中國歷史、西方史、自然科學、醫學、工業、交通共19個學科門類。本叢書分輯整理出版，内不分科，單本發行，方便讀者按需索驥。既可作爲大專院校圖書館、學術研究機構館藏之必備資源，也可滿足個人研讀或興趣之收藏。

與目前市場已有的一些專題史叢書相比，『民國專題史』叢書具有規模大、學科全、選本精、原版影印的特點。本叢書選目首重作者的首創、權威和著作影響力，尤其注重選本的稀見性。所謂稀見，即建國後没有再版，且多數圖書館没有收藏，或即便有收藏，也是歸于非公開的珍本之列予以保存，普通讀者難以借閲。部分圖書雖有電子版，但作爲學術研究的經典原著讀本，紙質版本更利于記憶和研究之用。本叢書精揀版本最早、品相最佳的原版圖書作爲底本，因而還具有很高的版本收藏價值。

『民國專題史』的著作是民國學者對于那個時代諸問題之探究，往往有獨到之處，無論其資料、觀點短長得失如何，要之在中國現代學術史的構建與發展進程中，自有其開宗立論之地位。

校者的話

一、殷格蘭奴隸制度史，有日本關西大學講師辰巳經世譯本，此則參照辰巳譯本及大英百科全書第九版「奴隸制度」條而譯成。

二、這書是一八九五年寫成的。日譯本出版於一九二九年五月。中國需要這麼一本書，需要牠來打破中國之所謂社會科學家幾種不可解的迷惑。

三、奴隸的形態是很複雜的。最要緊的是要把其中最有差別的形態分辨開。使用於農耕的奴隸旣不可叫做農奴，而農奴亦與佃農及農業勞動者相異。這本書把這一點指出來了。由於此種差別，故奴隸制度的社會不能與農奴制度的社會相混。

四、中國是不是封建制度社會，這問題要先解決中國何時有農奴制度或何時有以農奴爲主要奴隸形態然後可以解決。只證明中國有奴隸及人口買賣，並不能作爲中國是封建制度的證據。人口買賣在歐洲遠存在於封建制度未發生以前，在歐美又遠遺留於封建制度已崩壞以後。中國有人口買賣這一事實，並不能證明中國封建制度的存在。反之，歐洲封建制度時代卻正是人口不能夠離開土地而買賣的時代，卻正是一切都固定化的時代。大規模的人口單獨買賣好像與封建制度是異時代的事實。

五、在科學上，凡有些微差別的範疇，都應加以分辨。何況奴隸與農奴兩個範疇之間並不止有些微的差別？

六、社會是最難研究的。社會可資比較的現象比自然現象少。但是奴隸與農奴的差別幸還有可資比較的資料。這是我們校譯這本小書的一點意思。如果因此引起碩學或革命理論家的有分辨的討論和研究，那是校譯者意外的榮幸了。

一九三〇、五、二五、陶希聖。

譯者例言

本書的著者殷格蘭(John Kells Ingram)氏，乃是英國一位有名的經濟學者。他起初本研究文學和法律，得了文學士及法學博士的稱號，但他後來又研究經濟學，做了美國學術獎勵協會的統計經濟部長。他的著述有：『經濟學之現狀與前途』，『經濟學史』等書，這本『奴隸制度史』，當然也是他的名著之一。

不過這本書的英文原著，據辰巳經世君所云，是已成絕版，即在英國，也不過勉強才覓得一本舊的；而東方圖書館的第十一版的大英百科辭書上，雖有殷格蘭氏的一篇『奴隸制度』的論文，但也祇是本書的一小部分，所以本書的譯成，就不得不以辰巳經世君的日譯爲根據了。（我曾到各圖書館及各英文書店查覓過，但迄未覓得英文原本）我想辰巳經世君對於英文素有研究，他的日譯，當然是不會發生錯誤的；惟書中有許多外國文，他都是用了日本字母拚音的，未曾附上原文，以致未能將各種外國文的原文，一一查出附上，頗爲憾事。

此外還有西山榮久君的『中國奴隸制度概說』一文，係從山口高等商業學校的東亞經濟研究第十四卷第一號譯來的。該論文如原著者所聲明的，雖多參照故梁啓超氏的研究而作的，但却將中國奴隸制度由古代至最近，有系統的敍述了，而爲研究奴隸制度的一種很好的資料，所以也附錄在後面。

再，本書譯成之後，曾蒙陶希聖先生詳細的爲我校閱，這是應當特別感謝的。

一九三〇、五、二五、唐道海。

著者序

近來歷史的研究有一種新精神，就是必須以人類整個體系的生活為研究的對象。特殊事件之美麗的或戲劇的再現，雖可以說是常有其固有的地位和價值，但此種事件的理解和說明，在歷史家看來，却是次要的，歷史家的最後目的，是在研究根本的社會變動。

這種變動之完全合理的研究，固然是要將一切要素之綜合的考慮及各個時代的社會的要素之發展，和其他時代的社會的要素之發展，連繫起來而綜合研究，但便宜上，也要將這種種要素之相互的依存性認清，而各別的加以檢討。本書的主要目的，是在溯及西歐各國的全部歷史。及其所及於我們民族的各種影響，而指出那重要性不亞於其他任何制度的——由古代奴隸制轉化於近代自由勞働組織所經過的一發展體系。本書除關於這種偉大而恩惠的變革之檢討外，曾努力敍述那可恨的植民地奴隸制度與其世界的廢除，及東方各國現正仿效西歐各國而企圖改革現尙依然存在的原始形態的奴隸制度。並且特別注意於近代非洲由這種關係所生出來的各種事情。因爲假使該大陸人數的捕獲及買賣能一旦終熄，則東方各回教國的家內奴隸制度就可以相當的緩和，而且可以依於那與古代羅馬所有的同樣的各種原因，來確保它的終熄。

在本書開始的部分，我力求不逸出那應與好古學的見地相區別的歷史學的見地的範圍，而避去那可以大量增入的珍奇的詳細事實。再則，我（至少在這種研究的某一方面上）決不去做那本來完全沒有資格而要裝做博學而任意發揮。因爲這本書並不是爲了特殊的學者，乃是爲了有思慮、有敎養的男女大衆而寫的，所以我的目的，是在指出關於奴隸制度的歷史之各種明白的見解，及一般的觀念，俾得成爲一切有敎養的人們之一種常識。同時，我在事實的說明上，因要力求確實，所以關於此點若發見了陷於重大的錯誤，那我就眞要失望。關於這種題目的全部或某部分的研究，我自由利用了諸先輩的各種著述；換言之，這序文上所附加的引用書的目錄，（日譯已將其省略）就是表示我不曾忽視所能夠接受的任何資料。在這個地方所列舉的各著者中，我對於我所涉獵的大部分的範圍，而曾以嚴密的注意去研究過的兩個人，——即亞休·華倫的『古代社會的奴隸制度』(L'Esclavage dans l'Antiquité) 和愛斯·杜根哈姆的『奴隸制度廢除史』(Geschichte der Aufhebung der Leibeigenschaft) 是要特別感謝的。

此外關於一般問題的若干事件，雖也值得注意，但若加到本文裏面去，似乎就要妨礙有規則的序述之進行，所以就將它放在附錄裏面去了。

最後還要附帶聲明的，就是本書乃是包含著曾錄於『大英百科辭書』(Encyclopedia Britanica) 第九版的『奴隸制度』一文，而將其體裁大致更改，並加上了許多增刪。據我所知道的，關於古代，中世，及近代的奴隸制度和農奴制度之完備的敍述，這篇論文在英國乃是最初的企圖。

一八九五年，般格蘭(Jhon Kelis Ingram)。

奴隸制度史目錄

校者的話
譯者例言
著者序
第一章　序論……一
第二章　古代希臘的奴隸制度……一〇
第三章　古代羅馬的奴隸制度……三一
第四章　向農奴制度之轉化……六三
第五章　農奴制度之廢除……七四
法國……七七
英國……八四

意大利……八九
西班牙……九四
德國……九七
普魯士……一〇〇
奧大利……一〇八
小德意志諸國……一一四
第六章　非洲奴隸貿易及黑奴制度……一一八
第七章　殖民地奴隸貿易之廢除……一二九
英國……一二九
法國……一三八
其他各國……一四二
第八章　黑奴制度之廢除……一四五

英國……一四五
其他各國……一四九
北美合衆國……一五一
古巴島……一六八
巴西……一七一
殖民地的勞働輸入……一七三
第九章　俄國及東方回教諸國之奴隸制度……一七八
俄國……一七八
回教諸國……一八三
桑給巴爾……二〇五
土耳其……二〇六
摩洛哥……二〇七

附錄一……………………………………二一一

一、「奴隸」及「奴隸制度」二語之使用法……………………二一二
二、希伯來人間的奴隸制度……………………二一三
三、古代埃及、敍利亞、波斯及中國的奴隸制度……………………二一八
四、古代及近代印度的奴隸制度……………………二二二
五、巴巴利海賊下的奴隸制度……………………二二五
六、俘虜之買回……………………二三〇
七、產業組織之奴隸制度……………………二三三

附錄二……………………………………二三九

中國奴隸制度概說……………………二四〇

奴隸制度史

第一章　序論

近來漸趨固定的社會經濟制度，係發源於產業上各種職業的奴隸制度，這乃是法國有名的經濟學者杜諾逸（Charles Dunoyer）【註一】所主張的；廣汎的歷史研究，更有使這個學說成爲確實的傾向。在狩獵時代的蠻族武人，對於被征服的敵人都完全殺却，並不以之爲奴隸，祇不過將被征服的婦女捕去，作爲妻婢而占有之。在畜牧時代，捕捉奴隸乃以賣却爲目的，至如爲了畜羣的監視，或在這一階段上爲經營少量的耕作而要求，乃是極稀少的例外。至於奴隸勞働漸次爲主人供給食物，同時主人爲使他們自己免去費力的勞役而利用奴隸勞働，乃是在定住生活普遍化，農業上行使大規模的開墾，而一方面好戰的習俗還依然存在的時候。奴隸制度好像是社會進化途上這種階段之一般的而且不可避的隨伴物。

註一　De la Liberte du Travail, L. iv. Chap. iv. § 1.

但在神權政治已經成立的地方，普通意義的奴隸制度，常不成爲社會組織的必要要素。假使人民編成了各種階級，而且分配於各種社會機能、手工業、及商業之間，則除了家內勞役，或社會支配者所企圖的大規模事業外，（這也是在某種限度內）奴隸勞働就幾乎沒有成爲必要的餘地。在這種社會組織之下，最低的階級也許是被貶格、被輕蔑的階級，然而某階級中的各個分子，却並不是在奴隸的狀態；他們並不是從屬於個人的，乃是從屬於集團的較高的各階級的屬員。

奴隸制度（照普通的意義解釋），其眞正自然的而且特有的地位，乃是在武人階級比僧侶階級有優越的權力，而且是直接以戰爭爲目的而組織的社會之中的事。戰爭曾經完成人類史上不可避的職務，所以我們對於奴隸制度之某方面的憎惡，却不妨礙我們承認這種制度是社會進化之必然的階梯。對於這種重要的眞理之承認的最大障礙，乃是民衆對於歐洲各國當殖民地膨脹的時候所存的近代奴隸制度之有充分根據的憎惡。然而近代奴隸制度並不像古代的奴隸制度那樣是有一時的必要的，一切都是從共存的各種條件當中而自然發生的，是向着幸福的狀態方面誘導前進的，近代的奴隸制度在其原因上乃是人爲的，並且常常是和文明進行相反對的一種巨大的錯誤。

我們可以從古代最有名的政治思想家，在原則上承認這種制度的事實上，得到一種推論，就是奴隸制度乃是古代社會經濟之必要的部分。即從我們自身關於人類進化過程上的研究，也可以得到同一的結論。這不單是由於奴隸制度在其成立的當初，是爲勝者的利益而勞働，遂永爲勝者所占有，以此代替因食人的習俗而犧牲俘虜，是一種顯著的進步。【註一】這雖然是錯誤，【註二】但由一種古語源學而想起的這種利益是爲一般所承認的。然而隸奴制度——第一，使軍事行動由於最後到達點的征服，適應了團體組織之必要的緊密性和繼續性的程度而占得優勢；第二，强制在被征服的社會上形成大多數住民的俘虜及其子孫，不問他們對於那種在人性上已經養成根深蒂固的、規則的、繼續的勞働之如何憎惡，而在一般對於事物都漠不關心，極願意沒有責任的社會進化的初期階段上，使他們從事產業生活，——其後完成社會進化上之一種重要的任務，却不大為人所瞭解。

註一　Hor. Ep. I.xvi. 69.

『不將俘虜殺戮，可以由買賣及占有的一種方法，而將其充作奴隸以使之有用化。』

『如果沒有這種變化，則原始時代社會的那種盲目的好戰衝動，在長久的期間內，可以說一定要把現在世界外觀完全破壞了。』(Camte. Philosophie Positive 53o Lecon.)

註二　『奴隸是稱為 Servi，因為武官普通都以賣却或保持(Servaro)俘虜以代替殺戮。』(Justinian, Ins., Itit 3. § 3) 但 Seruus 和 Servare 並不是同一語源，其實是關聯於荷馬 Homer 的用語 Eireros及其動詞 Eiru 即拉丁語 Soro 和此語的結合。此處 Slavo 一語，可以說元來是民族的名稱罷。這就是被捕獲而從屬於日耳曼人的斯拉夫人的意義。『從黑海到亞得利亞海(Adriatic Sea)，都是在俘虜或從屬的狀態……他們(斯拉夫人)是廣布於陸上的一面，並且其名族的名稱 Slaves，由於偶然或故意，已經由光榮的象徵而貶於奴役了(Gibon, Decline and Fall Chap. Iv.)。於是歷史家乃謂其民族的名稱，係出於Slava，卽光榮之意。（請再閱Skeat's Etym Dict. S. v.）

關於後者，我們只須指出，無論在什麼地方，生產的產業從沒有以自動的努力的形式而發展。在我們所知道的任何國家內，也都是強者強制弱者，而且也祇有依嚴格的強制主義，纔可以使人民馴服。從前者的見地說來，當時本質上是武人的自由民和奴隸是相互的補益者，同時漸漸的完成其相異而相補的職能——這是雙方在其他活動的支持及促進上所必要的——並且雙方沒有競爭或鬪爭，而祇向着一個共同的公的目的去協力。他方面在兩者的職業都是產業的近代奴隸制度之下，奴隸階級的存在，是使市民不準備在相異的方面爲社會服役，而祇不過保證他們當中某一部分人的放恣、安逸的可能性，同時使其他一部分人發生一種必然的怠惰罷了。【註一】

註一　若用美國的「游蕩白人」(mean White)就充分了。

希臘的軍事行動是無組織的，而且往往是無目的的，除了依亞力山大的遠征而告終結的對波斯的反抗外，完全沒有效果。完成其形成眞正名分之社會的使命的，乃是羅馬的國家。因之奴隸制度要漸漸的完成其使命，以羅馬為其最適當的地位。依於征服的進行而實行併合，到達其自然限界的時候，奴隸制度就開始被限制了。到了在帝國之下分裂為數個發達的國家的時候，並且到了具有中世紀特質的防禦組織以代替古代的侵略組織的時候，奴隸制度就漸漸消滅而代之以農奴制度了。並且後者更隨着近代產業生活的勃興，而獲得了個人的自由。

如孔德（Auguste Comte）【註一】明白所示，多神教的勃興是和定住生活同時，或隨後就起的，所以我們可以推知那種宗教組織和奴隸制度在時間上是互相一致的事實。嚴密的說來，拜物教乃是一局部的宗教，所以有屠殺俘虜的傾向；因為足以抑制撲滅衝動的任何精神的紐帶，都不能在勝者和敗者之間成立。但是多神教的形勢，具有容納性和和藹的性質，並不絕對的排他，所以征服者和被征服者之間，雖還有一種差別足以保持他們之間的相當的隔閡，但他方面也有宗教的各種觀念的共通性，足以容認某種程度之習慣的調和。敗者的屈服就是承認他們的守護神是居於劣位的意思，而且這種承認足可以使他們永久的服從。

註一 Phil Pos. 52e Leçon. 第五十三講，包含古代多神教的巧妙的論法。

同樣的相互關係，也存在於奴隸制度與古代特有的宗俗兩權力的混同之間。軍國的組織所必要的嚴重的強固的社會內部規律，是依物質的霸權和宗教的威權的協力所促進的。這種協力在關於家庭的各種關係之特殊場合之下，對於主人的優越地位，予以超自然的承認，並且同時使他脫離了那損害其絕對支配的那種僧侶的干涉而自由行使權力。奴隸制度之爲征服的結果，在和一神教同時存在的地方，我們也同樣看出各種權力的混合。這種種權力，在原則上顯然和宗教的組織不相容，但也有時候由於特殊的情形而與之並存。

我們研究古代奴隸制度之政治的結果，既已到了某種程度，並且在某一點上不僅是有用的，也還是不可避的。那末，我們轉到考察這種制度關於道德的結果的時候，在可能的範圍內固然是要力避誇張，並且還更應該斷言其影響是非常有害。在影響於奴隸的作用上，該制度由於阻礙了各種基本道德之人格觀念的進步，而大大的破壞了習慣的產業之幸福的效果。同時奴隸的理性和感情的訓練在一切場合之下都被忽視了，並且由普通家族關係而發生的自然教育，他也幾乎完全不能接受。這種制度所及於主人道德性——不論個人的、家庭的、及社會的——上的影響，是很可咀呪的。

在我們性格上常帶有危險性的絕對支配的習慣，當其涉及日常生活全部的時候，當其沒有任何外力來阻止個人的任情去支配從屬者的感情及命運的時候，是要特別腐化的。牠常常破壞了一切道德進步之根本原則的自律力，同時主人是曝露在阿諛有害的影響之下了。關於家庭的道德，這種制度對於放縱實賦與以不斷的便宜。我們所不容疑義的，是婦人奴隸往往供主人獸性的犧牲，甚至在還沒有脫離兒童時代的時候，主人就使之根本墮落了。這種事情既損害了妻的正當人格，更因爲蹂躪幸福而攪亂了家庭和平。家庭子女的道德性老早就無形的損壞了，並且那個時代青年的情形操之一般的品格，也因爲密切與被輕蔑而墮落的階級相接觸而低落了。在所謂社會的道德上，由這種關係生出來的慘酷——至少是嚴酷的習慣，有强力的反應。『從幼時就在同胞面前發揮了很大的威嚴，養成了蹂躪人性的習慣的人們方面，一般的看來都是沒有人情的，』休姆(David Hume)就着這一點加以考察，更接着說：

『家庭奴隸制度，乃是古代最嚴酷的，否，我敢說是極野蠻的原因，各階級的分子都因之而成了小暴君，並且是在奴隸的阿諛、隸從、及品格下落的當中受了教育。』〔註一〕古代人的那種具有嚴酷性，否，兇暴性的特質，不僅在政治方面是往往的殘忍非道，就是在他們公共的娛樂上亦曾將其本性表示出來；我們除此以外還能夠加上一些說明罷。這個地方所說的那種可痛的結果，當然不是普遍的。無論在主人之間，在奴隸之間，也都有可以頌揚的各種例外，——就是一方面既有深情的愛護，他方面也有無我的忠順〔註二〕的實例，無論那一方面都是尊重人性的；然而惡果當然還是超過了良果。

註一　Essay on the Populousness of Ancient Nations.

註二　參閱Plato, Legg., Vi 776 d.

第二章　古代希臘的奴隸制度

古代奴隸制度政治的及道德的各種結果，既已加以一般的考察，現在我們就要特別的轉到希臘及羅馬的社會的奴隸制度，而加以詳密的研究。

我們知道奴隸制度在荷馬時代就已完全成立了。在那個時候，戰爭上【註一】被捕獲的俘虜，或充作奴隸而保有，或被捕獲者賣却，【註二】或以取得贖金為目的而扣留。【註三】有時候，被征服都市或地方的男子被殺戮，祇有女子被拉去了。【註四】有如奧得塞詩（Odyssey）所說，也有不少自由民被海賊所誘拐，在其他地方賣却了。從此可知奴隸和他的主人元來也許是屬於同一階級，主人自身或其家族中的某人也許有同樣的命運襲來。這種制度在荷馬時代並沒有現出那種殘酷的形態。如古羅脫（Grote）之所示，『一切階級在趣味上，在感情上，在教育上，都幾乎是在同一水平線。』若把這個事實合併想來，尤其是格外明白了。男性奴隸是使用於土地的耕作和家畜的馴養方面，女性奴隸是使用於家庭的操作和家內工業方面，或充作主婦的侍女。上等的奴隸往往受其主人的信任，而委託以重要的職務；若經過長時間誠實的服役，也准許他自己所有家屋和財產。【註五】古羅脫以為女性奴隸比較男性奴隸是更在悲慘的狀態。這種見解，恐怕除去推磨以磨麵粉來供家內消費，有時候為不知情的主人【註六】所強迫而做了過度的勞働之磨坊女以外，是不能認為正確的。農業勞働方面，有時候是由貧窮的受雇自由民實行的。他們可以叫做不幸的階級【註七】，而且是幾乎獨占的為小地主所使用。他們沒有可以倚賴的保護者，乃是依存於臨時的工資工作，所以他們恐怕比普通的奴隸狀態還要悲慘些。荷馬以為後者的命運是悲慘的【註八】，但是我們應當記憶的是他常常描寫這些人們從往昔高貴地位而變遷的事情。他會用有名的對句，表示其自己對於因奴隸制度而發生的一般道德頹廢的見解。【註九】

註一　荷馬普通對於奴隸所用的 Dmos 一語，是以 sma 為語源的，所以由此所發生的 damao 一語，普通都是指人在戰爭上打了敗仗，因而失去自由的意思，所謂 Doulos 一語，在荷馬的書上並不曾發見，他是用了以女性 doule 爲根源的 doulios (Od.,iii,12, doulos 及 douloune 的語句。

註二 Iliad, xxiv. 752.

註三 Ib., vi. 427.

註四 Odyssey, ix. 40.

註五 Ib., xiv. 64.

註六 Ib., xx.110-119.

註七 Ib., xi. 490.

註八 Ib., viii, 528; Iliad, xix. 302.

註九 Odyssey, xvii. 322.

但研究奴隸制度，最重要的乃是在我們由記錄而得有相當多的知識之歷史時代的希臘，尤其是在完成希臘文明之主要機能的雅典（Athens）。有許多情形，特殊是斯巴達（Sparta）不得不另加考察。

希臘奴隸的來源如左：

（一）生來的。奴隸的地位是世襲的。這並不是豐富的來源，女性奴隸很顯著的少於男性奴隸，智慧的主人與其說是為利殖的目的，【註一】毋甯說是當做良好勤勞的報酬而准許兩性的結合。一般的購買奴隸，比之飼育奴隸達到勞働的年齡方面還要便宜些。

（二）雅典以外所默認之自由民父母的子女售賣。或底比（Thebes）【註二】以外所承認的他們的遺棄兒。後者的結果如一般所知道的，有時候與其說是描寫羅馬的事情，毋甯說是描寫如在伯羅士斯（Plautus）及脫倫斯（Terence）的各種戲曲上所看見的希臘的事情，使年輕的女性從事於卑賤的奴役。

（三）法律的作用。在雅典這個地方，一直到蘇倫時代（Solon），無償還能力的債務者就都成為債權者的奴隸。凡沒有完成國家所課的各種義務之雅典人的被逐者及在留外人，就都被賣却。又外人之不正當取得市民權者，也是同樣的賣却。

（四）戰爭上的俘虜。亞細亞人及色雷斯人（Thracians）不僅是由這種方法而成了奴隸，大陸或殖民地的希臘各國間之許多戰爭的結果，就是希臘人也被他們屬於同一民族的人所克服而墮於奴隸的境遇。例如：斯巴達人之在脫格亞做了奴隸，葛倫之將西西里島的麥加拉的平民賣出國外。在伯拉脫亞、斯基奧訥、及麥羅斯等地，男的則被虐殺或放逐，女的就成了奴隸。雅典人在其遠征失敗之後，就在薩摩斯、或西西里等地被賣却了。當哥爾基拉各黨派鬥爭的時候，各黨派在獲得勝利的時候，就宣告其他失敗的黨派應當被虐殺或成爲奴隸。加里克拉基達斯雖倡言反對希臘人爲希臘人所奴隸，然他自身就違背了他的主張。可是愛巴米諾達斯和伯羅辟達斯兩人，好像是很忠實的服從了這種主張。斐立普將在奧林士斯捕獲的俘虜賣却了；又底比爲亞力山大占領之後，據說有三萬名的婦人及小兒都被賣却了。〔註三〕

（五）海賊及誘拐。向海岸地方襲來的海賊，是危險不斷的源泉。海賊或將其俘虜賣却，或送還而取得贖金，以獲得利益。在由贖金而買回的情形之下，被害者依照雅典的法律，直到他要用貨幣或勞務來償還爲他自己而用去的價格爲止，做他贖主的奴隸。

誘拐者甚至到都市來誘拐小兒，當作奴隸來飼育。或由於敵人的侵略，或由於海賊的誘拐，無論什麼希臘人，都常常有成爲奴隸的危險。那就是懸在一切人們身上的達摩克勒斯的劍。〔註四〕

(六)買賣。除都市占領或其他軍事行動的結果而起的奴隸買賣外，還有組織的奴隸貿易。敍利亞(Syria)、本脫斯(Pontus)、里地亞(Lydia)、加拉地亞(Galatia)、巴夫拉哥尼亞等地，尤其是色雷斯，乃是供給奴隸的源泉。埃及及愛西奧皮亞兩處亦供給若干，而意大利則供給極少。在外人當中，因亞細亞人在支配上是最易駕御的，在奢侈的技術方面是最爲熟達，所以有最大的價值。但是希臘人在一切人當中價值是最高，而且很爲國外輸出所需要。希臘本國及伊奧尼亞(Ionia)曾供給東方各小王以賣春婦、樂女及舞女。雅典是重要的奴隸市場，政府因對其貿易課稅而獲得利益。但是主要的市場乃是塞普魯斯(Cyprus)、薩摩斯(Samos)、愛非塞斯(Ephesus)等，尤其是基奧斯(Chios)。後來得羅斯就成爲這種買賣的一大中心地，我們聽說有時候在有時爲鑛山或工廠上的勞役，或有時爲廚房夫役等的私人家庭上的勞務，或爲其他種種的賤役而僱傭他們。此外也還有一種所謂公有奴隸。這種奴隸也有的是屬於充作供獻物而贈送於寺院的；在柯林脫（Corinth）、及西西里島的愛里克斯（Eryx）這些地方，也有的是充作寺院奴隸而勞働的一種賣春婦。其他又有專使用於官廳，金融上各種機關的勞務，或各種公共事業上的一種奴隸。在雅典爲着都市的警備，還有所謂一種西敍亞人（Scythian）（當然也並不是一定祇要這一國人——之一千二百名的射手。奴隸也使用於陸海軍方面，——一般的都是充作雜役人伕，也有例外的充作兵卒。

註一　不論主人主婦，當他們到外國去的時候，普通都要帶去一名或一名以上的奴隸。即在荷馬時代的往昔，淑女外出的時候，也一定要隨從兩名下婢。在雅典這個地方，還有所謂「先生」（Pedagogue）的一種奴隸，是護送兒童到學校裏而去的。

希臘奴隸的數目，否，就是雅典一處，也幾乎不能決定其近於正確的數目。亞丁烏斯以克丁西克勒斯爲根據，說紀元前三〇九年的達麥脫里斯・斐勒勒斯對於人口的調查，曾計算雅典的人口是有：二萬一千市民，一萬麥地克（metic），四十萬奴隸。他又說柯林脫有四十六萬奴隸，愛基那有四十七萬奴隸。休姆在其古代各國人口論一書上，說亞丁烏斯關於雅典人口的測定是全不足信，——而謂雅典奴隸的數目『至少都是依臆測而增大了，不能夠在四十萬以上。』柏克及路脫羅其後關於此問題又提供了新的研究論題。前者以為雅典的奴隸數目約有三十六萬五千，後者以為祇有十萬乃至十二萬。華倫對於這幾位學者的研究加以訂正，而表示其更進一層的見解。【註一】他計算全雅典所使用的奴隸，從事於家內勞務的是有四萬，從事於農業的是有三萬五千，服役於鑛山的有一萬，使用於工商業的有九萬。此外還必須加上老人六千，及十二歲以下的幼童二千；又其中一千二百名如前所述的西敍亞人的射手之公有奴隸，也要附加上去。他的結論以為：雅典的奴隸人口是在十八萬八千和二十萬三千的限界內，自由民約有六萬七千，麥地克約有四萬。奴隸人口對自由民人口是三對一之比。亞丁烏斯關於柯林脫及愛基那兩地所表示的奴隸數目，雖為柏克所承認，但似乎過大，而為克林登、華倫二人所否認了。真實的數目當然是有相當的大，但是我們却沒有任何方法以決定其大抵正確的數目。奴隸人口之大而次於以上各都市的，有其本國的麥加拉，及島上各國中的基奧斯、和羅達斯等處。米勒脫斯、窩克亞、他倫士姆、西巴里斯及基勒納等處，也有非常多的奴隸。至關於斯巴達的黑羅脫(Helot)這種奴隸和其他希臘各種社會的奴隸立於相異的立場的情形，我們此處暫不涉及。

註一　維愛，李黑他博士 (Die Sklaverei im Griechischen Altertume, 1886.) 主張亞丁烏斯的記述的正確性，韋赫香休在其名著 Besitz und Erwerb in Griechischen Altorthume (1869.) 上也承認了亞丁烏斯的測定。

雅典奴隸的狀態一般的都並不怎樣悲慘。得摩斯脫納斯【註一】(Demosthenes)曾說過，從野蠻人中買出了奴隸，該野蠻人如果知道了其奴隸在雅典是受了親切的待遇，就對雅典人起很大的尊敬。卜羅士斯 (Plautus) 一再的以為有向其觀劇的顧客，將雅典的奴隸——這在羅馬的遊客方面也一定是很可驚的——曾有種種的權利和特權的事實說明的必要。【註二】奴隸在一定習慣的儀式之下，他可以取得在家庭中的地位。他在法律上雖並不如此，可是在事實上是准許其自身蓄積私有資金，他的結婚也是一般承認的。奴隸雖一般不能夠參加各種聖式及公共的各種獻禮，但在家庭的祭祀方面却有一種職務，並且准許其參加私的宗教團體，此外也還准許他們參加二三少數的普通祭禮。〔註三〕他們無論在雅典或其他希臘的各中心都市中，都有爲其自身的一種特別祭典。他們的遺骸是葬於主人的墓中，主人對他也有爲表示其信任與哀悼而建立紀念碑的。他們往往在親密的交接之下，和其家庭的家長，或其年幼的家族同居；但是這種親密並不是如烏里塞斯（Ulysses）和游莫斯（Eumaeus）那種俠義的互相尊敬，往往是過分的，這一方面從任意恣情，他方面從無意義的服從的精神上可以發見出來的。後者的情形，是在由奴隸而實行的各種墮落的勞務上有其存在的理由。雖然有這種妥實的常例，但亞里斯多得和卜羅士斯却告訴了我們，即在家內奴隸的場合之下，也有採取鞭打主義的手段的情形。如果監督者自己也是一種奴隸，而服役於工廠，其命運恐怕比家內奴隸還要苦痛些。此外農業勞働者是常常鎖縛着，而且和馱獸受同樣的待遇。主人發了怒的時候，就迫使家內奴隸從事於磨坊或鑛山上的那種壓迫的勞働。然而慘酷待遇的避難所，便是神和英雄等寺院及神社、或聖林。雅典的法律也並不保護奴隸而將其棄置不顧的。【註四】有如得摩斯脫納斯所大聲疾呼，奴隸對於個人的暴行是和自由民同樣的有一種對待的方策，並且在受外人殺害的情形之下，是和市民同樣的將仇報復(Eurip., Hec., 288.)；同時若是基於主人的暴戾，那就必須由宗教的贖罪及一時的放逐而報償。就是奴隸將其主人殺害的時候，主人的親族都不能自己隨便的加以處罰，而應當將兇手引渡於官長，根據法律的手續而加以應得的處分。奴隸對於主人有困難情形的正當根據，可以要求將其賣却；他對於自由而主張自己的權利的時候，法律許彼以辯護人，並且一直等到判決，以神殿做避難的所在。

註一　In Mid, p. 530.

註二　Stich., 446.

得摩斯脫納斯說在雅典這個地方，奴隸說話比其他各國的市民還要自由些。(Phil., iii. p. 111.)

註三　Demosth., In Neoeram, p. 1374. 這種演說縱然不是得摩斯脫納斯的，但也是同時代人說的。

奴隸若是希臘人，就可以參加愛留休尼的祭祀。奴隸也可以參加雅典的得奧尼西亞的祭祀。在克勒脫島的逸爾參亞這個地方，他們是和主人同伴，又傳說關於脫勒善的祭，也是同樣的習慣。

註四　在荷馬時代，主人對於奴隸好像有生殺之權。(參閱Odyssey, iv, 734; xix, 489.)

要防止奴隸的叛亂，只有使有同一國民性與同一語言的奴隸不相團結。有時候爲防止奴隸的逃亡而使其帶上脚鐐，或一度企度逃亡之後，爲使其易於發現起見，也有將其捺上烙印的。國家有時爲了引渡逃亡者而訂種種的盟約，又爲防止因奴隸逃亡而發生的損失起見，各個人間乃締結類似相互保險的種種盟約。他們爲了逃亡的目的，決不肯放過一切機會的，這可以從得克勒亞(Declea)占領的時候，企圖和斯巴達人共同逃出雅典的人數(二萬人)上看出來。羅利姆(Lanrium)的各種鑛山發生了可怕的叛亂，基奥斯也一再的發生了叛變。奴隸的罪證——男女相同——往往經過主人的承諾，由刑訊而獲得。這種方法是爲一般雄辯家推稱爲可以達到眞實的一種手段，但是有時候，他們在適合其自己的直接目的的情形之下，也採取一種不同的論調。在亞里斯多得的Frogs(v. 618)上，會列舉了好幾種「審問」的形式。奴隸在此種過程中，身體的某部分如果折斷，或很顯著的受了損傷的時候，則給以賠償；可是要求適用刑訊的人，並不是爲對於奴隸，乃是爲對於主人的。

奴隸根據其和主人所訂的契約，可以用自己的特有財產(Peculium)買回他的自由。他可以根據主人的遺言，由其主人生存中在劇場、法庭、或其他公共場所的公示，或於公共登記簿上登記姓名，而獲得自由；在希臘的後期，由於售給一定神祇的形式的賣却，——有一種法律，若非自由民，奴隸是不能成爲黑羅得杜勒(heirodulus)，——也可以獲得自由。奴隸的解放有時候還附加上各種條件，卽：一生涯或一定期間仍居留於前主人之下，或指定替工，或提出某種特定的勞務等等；財產繼承的義務或權利也可以保留着。得到解放的雅典奴隸，其對國家的關係是成爲麥地克，其對主人的關係則成爲克利恩脫(client)。他這樣一來，就居於奴隸狀態和完全自由之間的中間狀態了。若被解放民違背對於其前主人(patron)的義務，他就必須服從法律的適用，如果判決以彼爲非，那他就不得不再降於奴隸的地位。他如同在外人的情形之下一樣，祇能由於六千人之市民大會的票決，纔能完全的爲國家之一員，而且就是這種票決，也還可以由古拉非巴拉諾門(Graphe Paranomon)而廢棄的。至於在阿爾基諾薩(Arginusa)及查羅納亞(Chaeronea)這些地方戰鬥過的奴隸，為公事而提供了顯著的勞務，那他們就立即許可取得所謂巴拉脫亞人(Plataeans)階級【註一】之市民的身分。然而就是在這種情形之下，某種的市民權還是保留着，祇不過給與他們和女性市民之間所生的子女而已。雅典被解放民的數目，好像是不很大。

註一　在這些場合之下，其奴隸的價格是以公費給還主人。

亞里斯多德以為奴隸制度是必要而且是必然的，在正當的各種條件之下，在關係當事人的任何方面都是有利益的，這種主張，是人所熟知的；——這種主張若就當時的社會狀態想來，從政治方面說，是充分正當的。他的實際標語，——乃是『不暴虐，不親密』【註二】他說主人對於奴隸勤勞【註三】的報酬，應該使奴隸有獲得自由的希望。至於希臘人以希臘人為奴隸，亞里斯多德的見解雖亦未明言，但却含有不應准許之意；柏拉圖對於亞里斯多德的這種意見，則加以非難。在柏拉圖的「法律論」上，他承認這種制度雖然不好，但却是不得已的，而且為着主人的安全，他曾勸告應許異邦人混交，並應當善待他們，但是他一方面非難對於他們的虐待，却又無理的主張對他們一階級【註三】的侮蔑感情。克塞諾豐也是一樣，當其促進寬過奴隸的時候，並不是爲着奴隸的福祉，乃是着眼於主人的利益。【註四】後代希臘的道義學派對於這種制度幾乎完全不說到了。快樂主義者關於各種勞動之使他自身放縱與安樂的他人奴役，是不感到於良心上有何種歉咎的。斯多噶學派(Stoic)以爲自由民和奴隸祇不過是外部的事象，從智慧之眼看來是沒有什麼區別的；他們以自由爲誇耀的根據，而認爲說奴隸制度是不平等、是不合理的；難堪的侮蔑，只有以自殺爲逃避的手段。

註一　柏拉圖也是同樣的。(Legg., vi. p. 777.)

註二　Polit, vii § 9.

註三　Legg., vi. p.776

註四　OEon., ix., xii.

詩人——尤其是新喜劇的作者——都極力的鼓吹人道主義，而且主張奴隸之根本的平等。有名的賀木•斯姆(Homo Sum)是從阿勒克西斯(Alxeis)【註一】意譯出來的，其精神還生存於希臘戲曲許多章句之中。非勒門（Philemon）的一斷片，恰好像答亞里斯多得一樣，說製造奴隸的不是天命，乃是命運。游里辟得斯（Euripides）是超越他的時代的感情的，他本有人道主義的感情，他本有特別顯著的「早期近代主義」，這種超越是不足怪的。如巴雷（Paley）所說，他『喜歡記述他們對於主人的忠實，他們對於生活上各種困難的同情，他們對於親切及深厚同情的待遇之感激，以及他們有誠實的人類性之光榮……等等。他使他們認識他的推理、忠告、及暗示，並且更使他們究明其優越者的愚劣和不謹愼。』【註三】然而我們並不能臆測以為他及和他相同的自由主義的新人，認定那個時代的社會狀態，或一般的思想，有廢除那樣根深蒂固的奴隸制度的可能性。

註一 Meineke, Fragm. Com. Gr., Vol. iii. p.453.

註二 Meineke, vl iv. 47.

註三 參照Med. 54 Oret., 869, Hel., 728; Ion, 854; Erag. Melan., 506; Frag. Phrix, 823.。

拉可尼亞的黑羅脫(Herot)階級，其情形和大部分的希臘各種社會的奴隸是不相同的。

關於這種階級的起源，有許多議論，我們此處不能參加此種論爭。有人以爲他們是國家的財產，國家雖把他們的勞務賦與個人，但解放他們的權力，還握在國家自身的手上。斯巴達人的家內使用人都是黑羅脫，並且他們是在西西地亞即公共餐棹上對其主人服役的。然而他們主要的還是做農奴，住在鄉間的小村落或分離開的農場，耕種斯巴達人所有的土地，納一定比例的生產物於主人，並且這種比例是不得增加的。他們有他們的家庭及妻子，可以獲得財產，〔註一〕但不得賣於國外，也許完全不能賣却。他們當然服役於公共的勞務，在戰爭的時候，他們普通都加入斯巴達人或伯利愛基的裝甲兵；他們雖充作輕裝兵而勞動，但在特別事變的時候，其自己亦成爲裝甲兵而服務於戰役。他們有時候又充作海員而完成其義務。他們雖有時得到解放以爲他們良好服役的酬勞，但這種解放並不能使他們成爲伯利愛基，不過使他們隸屬於那叫做新被解放者的一種特殊階級。這種階級在其人口上〔註二〕好像具備了革命的要素。有一定數量的黑羅脫是和斯巴達主人之子在一塊教育，這些人叫做摩他格斯；他們除獲得特別的許可以外，並沒有市民的各種權利，但在人格方面好像是自由的。這種階級中似乎含有斯巴達人與黑羅脫的婦人之間所生的子女。黑羅脫的境遇在經濟方面好像是不甚悲慘的。然而古羅脫氏認爲減輕他們悲運的一種希臘民族意識，却的確是其最難堪的要素之一；並且他們一方面還要不絕的去維持其斯巴達主人因恐懼而起的憎惡，所以兩者間的關係比之普通希臘人的主人和文化程度較低的異邦民族的奴隸的關係，還更加不自然些。黑羅脫決不是斯巴達的支配階級所信任的一個階級；在某種顯著事件發生的時候，因特殊的軍功而選拔的約二千名的黑羅特，竟都祕密的被虐殺了！普魯他克所說的雖常常是不一定可靠，但若根據他所說的，則執政官每年都向着黑羅脫宣戰，並且以暗殺其中不易侮蔑的分子爲目的；更特派斯巴達一定數量的青年市民，作所謂克里浦地亞的演習。華倫計算斯巴達的黑羅脫的人口是二十二萬，斯巴達的人口是三十二萬。脫薩里的伯納斯脫，及克勒脫的克拉羅特，他們所占的地位好像是和拉可尼的黑羅脫有幾分類似。我們曾讀過一種書籍，知道有二三小希臘社會，其住民對於某神，尤其是常常對亞波羅是立於農奴的關係，而負有供獻供品或勞役於其神殿之一定義務。

註一　若根據普魯他克所說時，則在克勒與麥納斯約定以雅典的貨幣五米納爲條件而解放黑羅脫的時候，就有六千名的黑羅脫提出了他所要求的金額，於是就獲得了五百他倫殿。

註二　Xen; Hellen. iii. 3.6.

註三　Thucyd. iv. 80.

第三章　古代羅馬的奴隸制度

在羅馬的生活組織上，奴隸制度是最自然的而且比較有合法的地位，我們既已知道了；因之，有如布勒爾（Blair）〔註一〕之所示，這種制度在羅馬比在其他任何地方，是『有較廣汎的職能，並且是極精密組織起來了』。奴隸制度不僅因為這種理由值得我們研究，即由從屬於羅馬帝國的其他各國內為羅馬人所組織的奴隸階級向於近代無產階級之歷史的進化看來，也特別值得我們的研究。

註一　Slavery Among the Romes, Chap, i.

我們首先就要將孟森（Mommsen）〔註二〕所謂『古代的，在某種程度以內無辜的』奴隸制度，與羅馬後代的奴隸制度，加以區別。在前者之下，農民自身是和奴隸共同耕種土地，或因其所有土地過多而自己不能管理的時候，就使奴隸——充任管理人，或充任一種借地人而必須提出一定比例的生產物給主人——而居住於分離獨立的農場。奴隸雖也有的是由古代羅馬之對意大利各民族的勝利而獲得的，但在這個時代的小領地，並不曾使用過很多的奴隸。然而因貴族所領的地域增多，及征服的範圍擴大，而市民因此不斷的遠離土地，就必然發生了奴隸勞動的需要；並且同時因戰爭上所捕獲的俘虜，而更使奴隸的供給增多了。由共和政治的末期及帝政的最初世紀所得到的二三事項，對於由這種來源所獲得的奴隸數目，大慨可以供給一點概念。即：在阿米留斯·波爾斯（Aemilius Paullus）戰勝以後，有十五萬名的俘虜在愛辟爾斯（Epirus）賣却了。【註二】阿克·塞克斯地爾（Aquae Sextial）及威爾塞拉（Vercellae）兩處的俘虜，是有九萬名的條頓人（Teuton）和六萬名的錫姆布里人（Cimbri）。【註三】凱撒（Casar）祇一回就賣却了六萬三千名的俘虜。【註四】奧古斯士斯（Augustus）在薩拉西【註五】這個地方，曾使四萬四千人成了俘虜。由於饑饉和虐待，及在決鬪場上死了許多人以後，有萬名的奴隸是由征伐猶太【註六】而獲得的。但是奴隸制度，有如休姆之所示，在人口上乃是不利益的，即在羅馬的各種戰爭上，也還是不能充分的維持其供給。因此，以「有組織而實行的人類獵取」爲基礎的有規則的奴隸商業就樹立起來，而使本質上由征服而起的原始的奴隸制度完全惡化了。海賊在這個商業的主要市場得羅斯【註七】這個地方，更賣却了許多奴隸；這種事情在滂沛(Pompey)遠征成功之後，雖比較的曖昧下去了，但實際上還是繼續的實行。在羅馬方面，曾有過有規則的奴隸輸入，這些奴隸大抵是由非洲及西班牙輸入，但主要的，還是由亞洲各國——比色尼亞(Bithynia)、加拉地亞(Galatia)、加巴多西亞(Capadocia)及敍利亞等處輸入的。當奴隸輸出或輸入的時候，要交納付一種輸出入稅；——很明顯的對官宦八分之一，對其他四十分之一——又當其買賣【註八】的時候，要課百分之二至四的稅金。

註一 History of Rome, bk. iv, Chap ii.

註二 Liv., xlv. 34.

註三 Liv., Epit. lxv ii.

註四 De Bello Gall., iii, 16.

註五　Strabo, iv, p. 205

註六　Joeephus, Bell. Jud, VI. ix. 2; VII. ii.1.

註七　Strabo, xiv. pp. 6689.

註八　Wallom, tom. ii. p. 50.

在程度上固然是很有限，奴隸制度卻還有其他各種供給源泉，這就是：將某種犯罪的人貶爲奴隸（罪隸），而使用於採石場或鑛山上的公共勞役。在原則上父親可以賣却其子女。債權人可以將無淸償能力的債務人作爲奴隸而所有之，或將其賣出於都市之外。（過地伯理Tiberim河）因敵軍的侵入或其自身因出外從軍而受了損失的人，爲高利所壓迫以致成了債權人的奴隸，這種事實，遂誘發了那種聖山暴動（紀元前四九三年）。波脫里安（Poetelian）法令（紀元前三二六年）曾否認債權人對於債務人的財產之留置權（基於賃借契約），並規定了將來不應鎖縛任何債務人。但是我們知道一直到後來——卽在波尼克（Punic）【註1】戰役時代，也是一樣的——裁判的結果，還是有債務人隸屬於債權人的事實。

註一 Liv., xxiii. 14.

羅馬有公奴隸和私奴隸兩種。官聽的事務起初雖在自由民的手中，但裁判所、監獄、寺院等的傳達那種下級差役，後來就都由奴隸擔任了。道路的開闢、水溝的掃除、水路的管理等等公共事業，也是大部分委在他們的手中。這當中無論那一種職能，不僅是在羅馬，就是在田園地帶及地方自治區內，也都由奴隸去做。富裕的羅馬人的私奴隸，普通分爲田園奴隸和都市奴隸的兩種。田園奴隸的頭上，有所謂維里克斯(villicus)的一階級，他自身固然也是一種奴隸，但他却有賞下來的妻室，這種妻室的給與，是爲了直接幫助他，而使他忠於義務的。在他之下，還有使同於土地的耕作，牛、羊、馬等的家畜管理等項事務的幾種集團，及整理家族全員的食料、衣類、用具等的人，修理建築物的人，和侍從主人爲各種野外運動的人等等。奴隸徒刑場是和那建築物離開的，在那個地方住了以處罰其自己夥伴爲職責的奴隸。都市奴隸，例如從事於洗濯、入浴、食棹、廚房等之家內僕俾勞役的人，由於跳舞、音曲、及其他各種技藝以當接待來賓之任的人，都是屬於這一類。其他還有侍從其主人或女主人外出的人，或以貌美嬌豔而選爲侍從，以力大而選爲轎夫，或以周到和有記憶力的原故而選爲儀禮的家書送達者等等。此外屬於大家族的醫師、美術家、祕書、司書、書記、羊皮製造者、各種先生及教師——講讀者、文法教師、文學者及哲學者都在內——及其他掌會計的人、經理人、商業交易的代理人等等，一切都是奴隸。主人中也有些，例如克拉斯斯及亞地克斯等，將從自己奴隸中選拔出來的人，教以這種種的高級職能。喜悲劇役者、跳舞師、曲藝師等，也和劍鬭士一樣，普通都是奴隸。這種最後的劍鬭士，是從最好戰的民族，如薩摩人(Sammtes)高盧人(Gauls)色雷斯人(Thracians)等的民族中選出來的。劍鬭士多爲投機業者所有，以供賃貸之用：他們有時候也爲上流階級所有。

關於從屬於各個主人的奴隸數目，羅馬的學者並沒有遺下何種明確的記述，關於伯脫羅尼斯及其他特殊事件的二三報告，又無疑義的可以說是誇張了，但是根據幾種充分證實了的事例及各種間接的指示，可以明白富裕的人們是有非常多的奴隸。這種事實，可以從李維亞(Livia)家，及其他大家族的頸環(columbaria)推論出來罷。維丘斯投身於第二回奴隸戰爭【註一】之序幕的暴動的時候，曾使其自身四百名的奴隸武裝起來。憤激的庶民階級雖已有暴動的危險，而在主人被殺害的時候，仍以奴隸和其主人同住在一家的理由，凡伯得尼斯·塞肯得斯（Pedanius Secundus）的奴隸皆盡被殺戮，其數竟有四百名。【註二】若據卜里尼（Pliny）所說，根據奧古斯士斯時代一個被解放民克錫留斯（Cacilius）的遺言，竟有四百十一名之多，【註三】羅馬或意大利奴隸的總數究竟多少，乃是一個很困難的問題，就是求一個稍稍達到近於正確的概數，也恐怕是不可能罷。

基彭（Gibbon）【註四】以爲在克羅的斯（Claudis）主政時代，羅馬帝國內，奴隸的數目至少是和自由民相等。但是布勒爾【註五】相信這種數目若就更古的時代推測，或者是對的，然在其指定的時代內，則距眞理甚遠；他這種見解，似屬正確。他決定奴隸對自由民的比例，爲三對一之比。因此，意大利奴隸的總數，在克羅的斯時代是二〇、八三三、〇〇〇，反之，自由民的人口似祇有六、九四四、〇〇〇。

註1 Dod. Fr., xxxvi. iii. 3.(Didot).

註二 Tac., Ann., xiv. 43.

註三 Hist. Nat., xxxiii. 47.

註四 Decline and Fall, Chap. ii.

註五 Slavery among the Romans, Chap. I.

根據原始的羅馬法，主人對於奴隸有絕對的支配權，就是生殺予奪也盡憑主人之意；而且這種事情，我們祇要想及家長權的性質，也就不足爲怪了。奴隸不得所有任何種類的財產，他所獲得的東西，在法律上一切都是他主人的。但在實際上許他有收入及利得的機會，又在特有財產(Peculium)的名目之下，可以從其生產物上取得應得的一分。主人不能和其奴隸締結條約，也不能以盜奪之故問奴隸於法，因爲奴隸縱然盜了什麼物件，那也並不是從主人的財產上扣除下來的，祇不過單是轉置一下而已。男女奴隸的結合，法律上並不帶有結婚的性質，乃是由於主人的默認，或祇不過是有意識使其結合之一種單純同棲，所以奴隸不得問及姦通罪。然而一般的感情對於這種結合，好像給與了較強的制裁。夫及妻的名稱，關於這階級的奴隸，在碑墓的銘文上，或在法律上，都是自由使用的。奴隸若曾參加軍役，或被國家機關所僱傭，那犯罪的時候就以死刑來處罰。他們一般的若不根據刑訊，是不能當作證人來調查的。主人被問罪的時候，在其「審問」上可以派遣自己的奴隸，又爲同樣的目的，也可以要求他人的奴隸；在後者的情形之下，奴隸在其過程上若受了損傷或被殺了的時候，奴隸的所有者可受一種賠償。奴隸除了在姦通或近親相姦的場合之外，（後者的名稱之下，也包含加於聖物或聖所的暴行，）是不能控訴其主人的；後來又加入重大的謀叛事件可以起訴。被控訴的奴隸不能求護民官〔註一〕的保護。法律對於犯罪的處罰，對於奴隸比對於自由民要嚴酷些。法律家說：『我們的祖先在一切的刑罰上，處分奴隸都比對自由民更重些。』自由民的死刑，是用劍或斷岩執行，奴隸就用斧或十字架執行了。在亞克里亞法之下，主人對於奴隸的殺害或損傷，可以要求賠償；這種法律是將對奴隸的加害和對家畜的加害置於同一的立場。可爾納里亞法〔註二〕對於奴隸的殺害者和自由民的殺害者是同樣的處罰，但殺害了自己奴隸的主人，卻不適用這種法律。

註一 Seneca, Controv., iii. 9.

註二 De Sicariis et Veneficis, B. C. 82.

柯爾麥拉(Columella)是和克塞諾豐(Xenophon)一樣，贊成當和田園奴隸相接觸的時候，應以相當的友愛和親密臨之。【註一】加圖(Cato)和他的奴隸飲食同樣粗劣的物品，並且為使他們充分的吟味他對其家庭的慈愛起見，甚至使他自己的妻室哺乳奴隸的小兒。這種嚴正的老經濟學者，卻有一種嚴密的見解，以為無論在什麼時候，卻應以有利的方法待遇奴隸。【註二】他准許男女奴隸從他們的特有財產(Peculium)中折合貨幣的價格來納付他們的貢賦。柯爾麥拉以為由生產小兒所得的利益，乃是男女奴隸結合的充分的動機，並且竟以為應減輕勞働或以解放來報酬母體的生殖力。【註三】瓦爾羅(Varro)曾勸告准許奴隸結婚，以為善行和忠實的保證。【註四】中正或和藹的主人，有時候捐助於奴隸的特有財產(Peculium)，但是他們多不大訪問自己的領地，因之就任奴隸服從監督者的意思了。田園地域之顯著的擴張，——大地產(Latifundia)的發生——遂使主人不能知道他的奴隸；奴隸是否有為其自的而勞働的意思，主人也不得而知。有效果的監督竟也因監視人而更爲不易了，於是遂用鎖將奴隸鎖縛起來，並且這不但是在勞働的時間中使用於農園方面，夜間睡眠場所的愛爾加斯土爾姆(ergastulum)方面，也是一樣使用的。卜里尼慨嘆這種行爲是對農業的汚辱。都市奴隸大概常常的過一種相當優惠的生活，在充作企業家的商業使用人而勞働的奴隸方面，尤其爲然。例如在奥維得(Ovid)時代，其後羅馬的私人家庭方面，守門者竟也彼鎖縛了。在都市的奴隸中，要是中了主人之意的時候，尤其受很好的待遇，在主人的盛勢之下，也可以從求其主人投票或企圖得其維持者的人們手中，得到諂媚和賄贈。也常常有眞實的相互的親交。奴隸有時候對其主人表示最高的忠誠，如在內亂中的許多顯著的實例，竟有爲主人而犧牲自己生命的。若不是家庭的同居者，而充作舟船的看守者、工廠的管理者、及商業的使用者等等使用於家庭外的奴隸，可以享受非常大的行動自由。里諾(Leno)及拉尼斯他(Lanista)(煽動劍鬥士的職務)這種奴隸，在大概的情形之下，恐怕不僅是卑下的，而且是很顯著的不幸罷。主人所加的比較輕的刑罰，普通都是肉體刑，或從都市的家庭放逐到田園去勞働；比較重的刑罰，則放逐到磨坊或鑛山及採石所去服役。假使我們從與此大概相同的羅馬支配以前的埃及的各種鑛山之現存的記述，加以判斷，則那個地方的男女，幾乎都是裸體的用鎖鍊縛住，而在兵士的鞭打和監視之下來勞働。〔註七〕在共和政治時代，主人爲使自己的奴隸和猛獸相鬥，而將其送到圓戲場去。我們曾聽說主人竟有將自己的奴隸切斷，或釘在十字架上的事實。維的斯·波里屋(Vedius Pollio)說在奧古斯士斯時代，有時候爲了些微的錯誤，或爲了完全的過失，竟將他的奴隸投給自己魚池中的八目鰻以爲處罰。這樣的虐用權力，當然是特別的例外；然而抑制他們的殘虐的，與其說是慈悲心，不如說是利己心。這種動機乃是在奴隸因年老或害病不能生產的時候對他施用的。加圖曾向農業家進言，叫他們將老奴隸和老牛同樣，病奴隸和病牛同樣的賣却。病奴是被棄於祭祀愛斯克拉辟斯(Aesculapius)的地伯河河中的島上；像這樣被棄的奴隸，縱然因克羅的斯(Calaudius)的法令而恢復了，但也不得爲其主人帶回去。

註一　I. viii. 15.

註二 Plut., Cato, 3, 121

註三 I. viii. 18.

註四 II. X. 6-9, Ixvii. 5.

註五 XVIII. iv. 4,5, vii. 4

註六 Amor. I. vi. 1.

註七 Diod, vii. 12, 13.關於採石場，請閱Plant, v. 3, 932。

註八 Seneca, De ira, iii. 40.

羅馬的奴隸雖不是像斯巴達的黑羅脫一樣，以有組織的恐怖政治而保持其服從，但因其數目之過多，竟成後期共和政治時代及初期帝政時代不絕的危懼源泉。有一個法令，大概是在奧古斯士斯之下纔開始制成，在納羅（Nero）之下纔完全實施，伯得尼斯的奴隸在此法之下被處死刑，就是這種不安的充分證據。這實際上在他錫士斯（Tacitus）關於這種種事實的記錄中，曾用力的敍述了。〔註一〕在羅馬的歷史過程中，奴隸之間曾有許多陰謀，也有過重大的叛亂。我們知道有紀元前五百年時候的陰謀，及百十九年的陰謀；又在多托易里留斯海戰前，拉西麥能斯及康納戰爭之間，也是同樣的。紀元前一九八年，奴隸戰爭就幾乎暴發了；同一九六年在愛脫爾黑亞，又一八五年在亞普里亞等地，曾發生了奴隸騷動。因大地產(Latifundia)的發達，遂更使奴隸的數量增多而成爲不可侮。自由勞働是被人冷視了。加圖、瓦爾羅、柯爾麥拉三人，都一致承認。除了不健康的地帶，及對恐非永久的田園奴隸之能力所及的不時的大勞役外，奴隸勞働是優於自由勞働的。【註二】錫塞羅(Cicero)及李維(Livy)【註三】曾提出了田園地方之自由民的消失，及領地勞働的奴隸羣之增加的證據。古拉克斯兄弟及他們追隨者之民衆黨的政策，就是爲對抗自由勞働民衆的這種沒落而設的。他們想努力依土地平分法或大規模的殖民來防止這種傾向。但這種計劃在市民勢力和平民首領手中的軍國權力結合之前，竟不能有效的完成；而且這種條件，那在帝國的成立時期完成以後，也不適於救治這種弊害。

註一 Ann. xiv, 42-44; v.27; Seneca, De Clem, i. 24.

註二 Cato, v. 4; Valro, I. xvii. 2. Colum I. vii. 4-6.

註三 Cic. ii. c. Rull. 30, 31; Liv. VI. xii.

耕地奴隸制度最惡的形態，是存在於西西里島。孟森以爲其特別慘酷的各種特質，乃是由加爾他哥人帶去的。因之，在西西里島最初就起了眞正重大的奴隸叛亂，並立即爲奴隸的悲慘境遇所激變，依掠奪的習慣而助長了。據說主人爲了減輕奴隸的生活費，向來就默認了這種掠奪，甚至加以獎勵。紀元前一三三年，西西里島的豫言者游諾斯(Eunus)指導之下勃發的叛亂，經過了相當的困難纔由路辟留斯(Rupiluis)鎮定了。意大利各地都相繼起了叛亂，其後更在脫里福(Trypho)和亞色尼屋(Athenio)的指導之下，起了第二次西西里島的叛亂，這種叛亂經過猛烈的鬥爭之後，纔由亞克留斯平定了。繼之在其他大厄之年，又發生有斯巴爾他克斯(Spartacus)指導之下的「奴隸戰爭」，這種戰爭曾痛烈的試驗了羅馬的軍事能力。其後在各種內亂上，各黨派都要求奴隸的援助，即馬留斯自己，【註二】及其後加色里那，【註三】竟都要求了奴隸的援助；但後來加色里那還是斥退了他們的服役。克羅的斯

(Clodius)和米羅(Miro)二人，當他們市街暴動的時候，曾使用了劍鬥士團，並且後者方面這種行動，還得了錫塞羅的贊許。〔註四〕當「第一回內亂」的時候，在任何方面的陣營內，都可以看見他們的踪影；凱撒的刺殺者卽彼自稱「自由的擁護者」，是由劍鬥士護衛着而進了議事廳內的。安托尼(Antony)、奧克他維斯(Octavius)、及塞克士斯·波伯烏斯(Sextus Pompeius)等，在「第二回內亂」的時候，也使用了他們。又爲處罰那向國庫取了武器而逃走的三萬名的奴隸，而將其送回主人原處的事實，曾由奧古士斯(Augutus)記入於安錫拉姆(Ancyraum)寺院門前的銘文中。地伯里斯(Tiberis)時代當加里古拉(Caligula)死亡的時候，及納羅(Nero)的主政時代，都還有發生奴隸暴動的危險。在帝政時代的後期，奴隸的叛亂也並不是全然沒有的。屋多(Otho)族的侵略軍，其數量曾被羅馬人所獲或爲羅馬人所帶來的他們的同胞而顯著的增大了。加里亞的奴隸幾乎全部的都加入了巴高丁的叛亂，又有四萬名奴隸當羅馬刧掠的時候，歸附了亞拉克里。

註1 Hist. of Rome. IV. ii.

註二 Plu., Sull., [illegible]

註三 Sall., Cast., 24, 58.

註四 De off. II., xvii.

關於奴隸制度之道德的影響，已經敍述了。關於羅馬的特殊情形，也是如在游威那爾、馬色亞爾、及伯脫羅尼斯等的各種著述上所見的一樣，奴隸制度顯著的給予私生活以許多不純正的汚穢，是沒有疑義的。牠因爲獎勵了放縱、虛飾、私通等等並使之成爲便利，的確劇烈的引導青年於腐敗。子女的教師往往是無價值的奴隸，他們成了子女的諂媚者，而且在結局，還成了青年的腹心和援助者，成了青年放蕩的遊伴者；並且同時某種無價值的服役，給了他們主人以不當的影響，也還有其他奴隸，成了主人之好色的危險食餌。以溫柔嫣豔爲特徵的賀拉丘斯，關於奴隸服從主人的獸性衝動所形容的那種情形，看了也就可怕。〔註一〕這種制度有益發使人類成爲無情的效果，恐怕在圓戲場內的那種野蠻的展覽物上是最顯著的表現出來罷，在那個地方，婦人竟都鼓起了興奮，一起非難那種因勇氣絕望而不能滿足暴虐的身還依然是奴隸，不能自己處分其特有財產(peculium)。

註1 Slavery Among the Romans, Chap. xi.

被解放民如果是由於適用法律而解決的，那當作別論，如果元來是主人的被保護者(client)，那就要仍留於主人面前，並且雙方都要受由這種關係所生出來的相互的義務之束縛。這種種義務也存在於國家的、都市的、寺院的、及各種團體的被解放民之間，主人對於被解放民有種種義務，就是：有人對於被解放民濫用權力的時候，主人要給他以保護，並且主人在法庭上要為他辯護。對於未成年者之採取保護者的行動，對於貧窮者之給以食物，也都是主人的義務。被解放民是被賜有舊主人的姓氏，他對於舊主人負有恭順和援助的義務，所謂援助的義務，就是包含某種意外的時候之金錢的贈與；被解放民若忽視這種種義務的時候，在嚴格的情形之下，甚至以喪失自由處罰之。當賦與奴隸以自由的時候，主人可以附加某種條件。例如：仍須住在舊主人的面前，必須完成一般的勞役或某種特定的工作，或必須納付一定額的金錢等。但是羅地留斯將軍在紀元前一世紀的時候，對於這種種條件的課賦曾加以限制，並且他這種禁制，因後來的法律家及帝國的法制而更加澈底了。在被解放民死了沒有遺言而又沒有正當繼承者的時候，主人卽現在的保護者（patron），當他死的時候，就繼承他的遺產。他可以用遺言處分其自己所有物的一半，其他一半則成爲保護者之物。被解放民及其兒童，是缺乏某種市民資格的，一直到第三代，卽孫兒的時代，纔開始成爲自由民（完全市民）。經過這樣不絕的滲入過程，奴隸的要素纔在一般人民之中消沒了；斯基辟屋·愛里米亞能斯對於平民大衆的不平曾答覆道：『叫意大利讓其殘酷的人們沈默了罷！爲的是希望不要影響於曾被鎖縛的被解放的人們。』〔註一〕

註一 Vol. Max; v.23.

奴隸的解放動不動就使其主人獲得金錢的利益，因爲主人可以使被解放者拿出一定的金錢足以購買其他代替的奴隸，並且同時又獲得了從者（client）。這種事情，當然是以承認奴隸對特有財產（peculium）爲前提；又同樣的事實也含意於錫塞羅（Cicero）的記述中，就是說勤勉的奴隸在六年之內可以買囘他的自由。

奧古斯士斯之所以反對過多的解放，並且以同樣的政策勸其後繼者的，大概是因爲他認爲新市民的急速增加，是社會不安的源泉罷。阿利亞・森地亞法（Aelia Sentia）（紀元三年）是在嚴重的限制之下，即除主人在二十歲以下，奴隸在三十歲以下之外，是禁止解放的；夫里亞・加尼尼亞法（Furia Caninia）（紀元七年）曾決定了由一個主人的遺言所能解放的奴隸的數目，即不問全所有的奴隸數目如何，禁止解放百人以上。在帝政時代，被解放民曾一步一步的增加其勢力，他們可以爲騎士階級，且許列入元老院。他們可以參與地方政治，而事實上且使他們爲行政各部的長官，任爲朝廷的各種官吏。巴拉斯（Pallas）和拿爾錫塞斯（Narcessus）就是這種無價值的階級之顯著的實例；他們之中，不待說，於官吏生活以外，也還有許多人表示其暴富者的那種虛飾和傲慢，或寄食者的那種不知足的卑劣性；然而也有其他很值得頌揚的人們。較低階級的被解放民在行政事務方面，在都市步兵隊方面，或在軍隊方面，把微小的地位都充滿了；在自由勞動開始復活的時候，我們更看見他們的大部人之從事於各種工商業。他們也在文學方面表現出來；我們從共和政治時代及初期帝政時代之被解放民的幾種歷史的及傳記的敍述上，可以看出一些。他們有許多是文法及其他類似的技術之專門家，如：錫塞羅的祕書太羅（Tiro）、奧格斯士斯的司書黑基諾斯（Hyginus）等。此外還有更高級的人們，如：李維斯。安特羅尼克斯（Livius Andronicus）、斯他地斯·克錫留斯（Statius Caecilius）、脫倫斯（Terence）、普布里留斯·錫爾斯（Publilius Syrus）斐得爾斯（Phaedrus）、愛辟克脫士斯（Epictetus）等。

到了紀元後的第二世紀，我們無論在思想上，在法律上，都可以看出奴隸制度顯著的變化。關於理性和人道的原理，已經由塞納加（Seneca）適用於這種問題了；他使我們凡為人類一分子對他所說的應該怎樣的加以考慮，他對於奴隸所表示的正當的、寬大的感情，是值得我們感謝的。他說應將奴隸當作下級的友人看待；並且我們對他所當特別感謝的，就是他對於享樂劍鬪士的鬪技和這種殘忍的展覽物之公衆的野蠻性，會極力的加以非難。【註一】他甚至能使脫爾士里安對他所說的表示，說『往往是我們的友人塞納加！』【註二】而顯示其和基督教精神的相似性。他和聖堡羅是雖有親戚關係的傳說，但這種事情除一二三難以憑信的書信外，毫無典據。脫羅卜倫及其他——雖好像沒有何種正當的根據——從他的著述中含有許多基督教的語調方面着想，曾推論他讀過聖書中的某一部分而受了影響。但已如上述，這種事情的「道德觀念的勝利」，是和其他各方面的一樣，是到了第二世紀以後纔「確定的」。『脫拉江(Trajan)的顧問的屋．基蘇斯湯姆(Dio Chrysostom)，乃是斷言【註四】奴隸制度的原則是違背了自然法的希臘人之最初的學者。』【註五】此外同樣的變化也可以在實際政策上看出來。征服的時代過去，管理的時代來了。因之皇帝們就覺悟到將來產業的活動之必須繁盛的所以，而在一切的可能範圍內，由於對被解放者之更進一步的優遇，由於保護奴隸以反抗其主人，由於使奴隸易於解放等等，以準備廢除奴隸制度。

註一　錫塞羅祇不過曖昧的非難了他們。

註二　De anima, 20.

註三　Sur l'influencdu Christianisme dans le droit romain, qq. 71-79.

註四　Orat xv. p.258 sqq.

註五 Mark Patison, University Sermons, p. 158.

在公認的教權還沒有存在的當時，組織實際道德的職能，全在任意思維的法律家之手，他們受了自然法有用的假定，且因法律之認定及可疑的法文之解釋而受限制。〔註一〕法律家的準則，當時一般的傾向，也都是在尊重自由。〔註二〕小兒的遺棄和賣却及實行以之爲借金的抵當等，都是禁止的。對於竊人賊卽誘拐者，以死刑處罰。無淸償能力的債務者，也脫離其債權者的束縛而解放了。奴隸的買賣雖尙准許，但對於常常過分虐待小兒及年幼者的人們，則以放逐，及放逐於鑛山，或以死刑處罰之。在買賣解除法（對於買賣契約的解除）上，假使有一個奴隸歸還了原賣主，則他的雙親、兄弟、及親密的同居者也必須同歸。在經典的解釋上，是可以假定同一家族的屬員，不能因繼承的分析而分離。法律限於特殊的情形，也同意於保證特殊財產（Peculium）；但在一般的原則上，那還是依舊屬於主人的財產。國家承認公有奴隸有將其所有物的一半自由讓渡的權利。私奴隸也有時候，雖然是祇在「家財」（Familia）之內，〔註三〕但却承認有很大程度的同樣的處分權。哈德里安（Hardrian）褫奪了主人對於奴隸的生殺權，並禁止監禁奴隸於地下。安脫甯斯．辟烏斯（Antoninus Pius）對於無正當理由而殺了自己奴隸的主人，是和殺了他人奴隸同樣處罰。在納羅時代，官長就受命接受虐待奴隸的控訴了。又伯脫羅尼亞法（Petronia）在同一時代（或者稍在以前），曾禁止提供奴隸和野獸鬪爭。安脫尼斯曾命令將因過分受虐待而避難於祭壇或聖像之下的奴隸賣却，並且這種規定，也適用於主人以使他墮落或降低其品格的方法來使用奴隸的情形。馬克斯．奧勒里斯（M. Aurelius）曾使主人無論爲了何種困難的原因，都應對奴隸提起訴訟，於是就使他們的關係更進而直接在法律及輿論的監視之下了。奴隸的宣誓還是不得在法廷徵求，他是根據「審問」而被訊問的。各皇帝及法律家都曾用過各種方法，限制刑訊的適用；但對於從來所得到的訴訟事件，却更附加了不敬罪。奴隸對於主人所犯的某種特定的罪惡，可以以阿得塞脫爾（adsetor）爲代理而提起訴訟。解放是變成容易了，某種舊的形式是成爲不必要了，關於解放的種種障礙已經除去了，法律上的各種難點是更進一層的用獎勵的方法解決了。附加各種條件於由遺言而解放的權利也被限制了，並且這種種條件在被解放民方面，好像是最有利的解釋了。皇帝得了主人的同意，可以由給奴隸以金環的方式而賦與自由；又有一種稱爲復歸（restitutio natalium）的法律上的手續，而使他成爲完全的市民。自由不得由六年的時效而被剝奪，也確定了。

註一『在自然法上，一切的人類都是平等的。』——Ulpian.

『所謂奴隸，乃是某人據以違反自然而使之服從所謂他人主人之民法的手段。』——Florentius.

註二『又假使不知道違反嚴格的法律，而以科取罰金作爲恢復自由的代價的這種事實，』——Ulpian.

註三 Plin. Epits viii. 16.

羅馬帝國領域內基督教的勃興，更進一層的改善了奴隸的境遇。基督教所創造的各種感情，不僅是對於這種階級之現存的人道待遇上，給與了一種方便，並且更使由此所種植的後代奴隸完全自由化的萌芽，也在各方面發生起來。基督教教會並不承認奴隸制度是社會的罪惡，她不但不主張其卽速廢除，並且教會會員及教會團體其自身反是奴隸的所有者，因爲這種理由，所以雖然不當，但却有時候也有人對之加以非難的。我們已經知道奴隸制度是羅馬國家組織根本的要素，它不僅是和各種法律結合了，並且是從該國之軍國的職分上發生，而爲其不可缺的要素。當征服事業已經充分完成的時候，在與之相調和的社會組織上，或在其影響之下已經發達的一般的觀念上，都不能期待一朝就有急劇的變化的。後者在事實上大概已經慢慢的覺感到了，因此我們觀察法律上政策的變化，以指示關於奴隸階級感情上的變化的時候，不能認爲這種變化是完全基於基督教的教義，而可以說是由於和平的制度所促進、所緩和的風俗相協力的各種狀態之自然的影響的。然而制度自身，是不能立即就很顯著的動搖，它在現存的一切秩序上已經有了極深的關係，並且已和這種秩序很密接的結合了。假使它能夠立卽就廢除了，則其結果，大部分的奴隸階級自身也一定是不幸的。在它可以充分的宣告壽終正寢以前，必須本質上發生了新的社會狀態。社會是以征服爲目的而組織的，當然是要適於防備的組織起來；並且這種變化也不是一朝就可以發生的。但同時爲使奴隸制度的罪惡之更進一步的減少，也多半可以由於運用獨立的道德威權，及由於強迫主人和奴隸實行彼此相互的義務，和支配他們相互間的行動而達到目的。【註一】這種事情，是給基督教的人們開闢了一種職能，並且不可否認的，這種職能也是他們所善於完成的。他們固然不能改革這種制度所由來的特質，因之邪教之下所存在的各種罪惡，到新宗教樹立之後還是繼續的存在，但在範圍及強度上却是漸漸的減少了。

註一　從這種關係所生的相互的義務，由聖堡羅以他特有的高尚的感情，根據基督教徒的見地，在 Eph. vi.5-9; Col. iii. 22 iv. 1. 上敍述了。請再閱他給斐勒門的書信。

一方面教父們在宗教及道德的眼光上，認定奴隸制度自身是一平凡事件，在這一點上，他們是和斯多噶 (Stoick) 學派一致的；而斯多噶學派對奴隸階級所常常表示的蔑視，就被教父們的眞正同情所替代了。他們反對大家族單爲虛榮心而持有許多奴隸，反對劍鬬士的鬬技，(這種鬬技遂因一位僧侶之高潔的捨身的努力而廢除了)【註二】及常常遣送奴隸到不道德的學校的劇場。教會曾盡力於奴隸的解放及俘虜的買回。而其影響更表現於自己是基督教教徒的谷皇帝的立法中，這種立法曾緩和了奴隸制度特徵中最嚴酷的某一部分。然而事實方面這種立法並不是有同樣的進化，在康斯湯丁 (Constantine) 的二三特殊的事例上，竟有再度准許父親賣掉其子女，（但保留買回的權利）使棄兒的發見者可以將棄兒充作自己的奴隸——有時候各種法令是想根據當時的一般貧窮而努力加以說明——這一類的退步。但基督教更進一層有力的影響，表現在色屋多錫斯(Theodosius)立法上，並且這種影響在游斯地尼安(Justinian)的立法上，達到了最高點。其組織的努力若根據他自己所說的，乃是：『爲自由而愛育之，擁護之，乃是羅馬法，尤其是我們的法典所特別用意的。』

註一　即賀諾留斯主政時代的色勒馬克斯。他自己闖入相鬭的劍鬭士之間而爲民衆殺戮了。然而因爲他自己的犧牲，却引起了這種鬭技的禁壓。這種故事可以在坦尼遜的詩中讀得。

法律對於一般奴隸的結婚還是拒絕承認；但游斯地尼安在確立繼承權的解放後，却賦與結婚以法的價值。奴隸和自由民的婦女，或自由民和他人所有的婦人奴隸之間的結合，還是永久的禁止；在某種特殊的情形之下，竟有加以嚴重處罰的。但是主人和自己所解放的婦女結婚，合法的認知了他們在奴隸地位所生的子女情形，卻是例外。就是沒有結婚，祇要婦人奴隸曾作主人之妻而與之終身同棲的，則他們的子女也得成爲自由。奴隸還是不得當作證人應審，在罪人方面，他比自由民要受更嚴重的處罰。除關於叛逆罪告訴以外，無論他用什麼罪名控訴了主人，都處以焚殺之刑。然而在現在，他不但是以阿得樂脫爾(adsetor)爲中介，他自己也得到對於自身自由的要求權了。婦人奴隸關於姦通罪還是無能力的；但游斯地尼安則認定對於婦女奴隸或被解放婦女的强姦，和對自由民的處女相同，一樣的處以死刑。殺害了奴隸的主人，除在懲戒的時候因誤致死以外，是當作殺人處罰的；而康斯湯丁則對相當於某種特別所列舉的殘虐行爲，也和殺人者同樣的處理。在色屋多西斯之下，圓戲場上的鬪技雖不至爲官府當局所獎勵，但却竟許可了；並且這種鬪技也還是爲希圖獲得公共頌揚的人們所希望的。人和野獸的鬪爭是最長久的繼續了，在游斯地尼安主政的初期也還沒有廢除。由宣教師的中介在教會方面所實行的新解放的手續，是爲康斯湯丁規定了；並且規定了其後僧侶無論在什麼時候，都可以由單方的意思表示而解放其奴隸。被許可入宗門或已入僧院的奴隸，在一定的限制之下成爲自由民，而這種限制乃是爲防止其欺詐或不正的行爲而設的。游斯地尼安將奧古斯士斯的法典所規定的由解放的主人及被解放的奴隸雙方所認爲滿意的個人的各種條件廢除了，並除去了數種限制。公法上所定的奴隸和市民之間的中間地位也廢除了。不問其由何種過程獲得自由，凡被解放的奴隸都可以立即成爲完全的自由。祇是前主人還依然保留其保護權，假使連這種權也廢除了，那恐怕使主人對於解放要有所遲疑了罷。

第四章　向農奴制度的轉化

古代社會生活和近代社會生活之間最重要的差別點，有如休姆所主張，乃是勞動階級的奴隸狀態。這種狀態並沒有直接轉變爲個人的自由組織。此其間還有一種中間階段，這種階段不但不一定能夠從奴隸制度區別出來，而且還要引起兩者混同的一種極大的誤解，那就是農奴制度。在研究這種轉變的根源的時候，必須考慮左列的四種重要的事實。

一、如基彭(Gibbon)之所觀察，因羅馬的征服及併合的組織之事實上的完成，由於將奴隸貿易限制於該帝國一定限界內所新發生的一種買賣，而使奴隸的供給減少了。【註一】未開化民族在第三世紀開始來襲的時候，事實上就有許多人成了俘虜。這些俘虜在沒有編入軍隊的時候，主要的雖却是服役於地方的農業，但也有許多服役於大家族的家內勞役。然而有規則的奴隸輸入，已經是大大的減少。因之，羅馬人就不得倚賴於那種「更和緩而更遲鈍的增殖法」了。這種事實的結果，遂使奴隸的生命和健康成了主人的最大的價值物，而改善了奴隸的狀態。因爲奴隸的補充，在事實上要經過許多困難和鉅大的費用，各家族都無限的保有其自己的奴隸以爲利益，所以就引起了直接由奴隸制度到農奴制度的轉化。因對外奴隸貿易的廢絕，遂使內部的奴隸貿易也告終結，於是奴隸就定住於其主人的家庭或土地了。

註一 Decline And Fall, Chap. ii.

二、因奴隸供給漸次減少，更影響到自由勞動的復活。這種一般的傾向，從第二世紀以來就很顯著的進展了。自由民往往在某種程度以內——（甲）成爲官長或僧侶的下級屬員而使用於公役方面。書記、警吏、傳達吏、隨從等的地位，都祇能由市民充任；從屬於帝國政府各官廳的各種執行吏，也都是自由平民，祇不過在下級方面纔使用奴隸；這種種執行吏的地位，普通都被被解放民把持了。（乙）國家經營的公共事業及生產事業，也是同樣的，在第二世紀時代，那些職務都是分配於自由民的各種團體之間，祇是在這些團體之下纔使用公奴隸。私役方面的優等地位，都是常常的被解放民佔住了，高級工作，如藥劑師、文法教師、繪畫師等的工作，大部分都是委在被解放民及自由民的手中。特等的俳優及劍鬪士往往是被解放民，而爲皇帝所獎勵，就是自由民方面，竟也表現於舞臺或加入鬪技場中的。富人所有的工廠或作業場，主要的是使用奴隷勞動。但自由職工也有時候提供勞力於自己所設置的工廠，或爲和富人競爭而形成的團體。自由民始終是雇傭勞働者，及我們行將述到的大領地的借地人，而使用於土地的耕作。這一切的一切究竟發生了什麼影響，我們若研究因的屋克勒地安(Diocletian)及其後繼者而發生的國家組織，就可以明白了。

三、這種組織使羅馬的領域內發生了一種職業及地位之個人的及世襲的固定，而和東方各國的階級組織沒有多大差別。這種組織的目的，無疑義的是在由鞏固的內部結合，以防止野蠻民族的來襲，保持公共的秩序，加强產業的習慣，以確保國家經濟的資源。這種原則之充分普及的特質，可以由下面的特殊情形得到瞭解。從事於行政事務的人，一般的都是絕對的被其職業束縛了。他們不能於其自己所屬的職業團體以外迎娶妻室、出嫁婦女，並且他們還要將其自己的義務傳給子女。假使他們放棄了自己的地位，那無論走到什麼地方都要被搜案，而強制的帶了囘來。祇是在一定的情形之下，他們是許有負擔同樣責任的助手。在地方自治區內，克里亞拉斯即地方議會的議員，動不動就要特別嚴重的被他們的地位及職能所束縛，而這種地位和職能是常常使他個人支出了鉅大的支出。在那個地方，也還有其他的公務屬員，可以以他們的財產委託於地方議員的一種條件而給他以助力；但這種權利是不大能夠行使，他們普通都是被他們的地位限制了。他們的家族也固定了，他們是為對他們所屬的職業團體及其他團體的法律所支配了。由徵兵而從事於軍役的兵士，服役於與其年齡相當的軍務，其子女也是為同一任務所束縛。同種類的強制，至少也要及到屬於中央或地方官廳所承認、所規定的自由產業團體的分子。各人在事實上都是當做國家的下僕看待，負有提供勞動或金錢，或兩方面的義務。祇為私人利得而勞動的人，則認為「怠惰」階級，而強制的成為有缺額的職業團體的團員，他們在法語上是在所謂「任何都不得為」的狀態。這種一般的組織，由於漸漸的減少自由民根據自律力去決定他自己職業的能力，而減少了他和奴隸之間的間隔；並且他們一方面是和後者，他方面是和充作家內僕婢的自由民及職工場的勞動者，都慢慢的轉化到共通的農奴狀態。

四、田園奴隸，也經過同樣的變化而成爲農奴階級。羅馬的「殖民人」（colonus）元來是依契約每年以一定金額，或以一部分的生產物交納地主，而租借耕地的自由民。在第四世紀的諸帝王之下，colonus這種名稱是指一種耕作者而言，這種耕作者在人格上是自由的，他們是定住於土地而將其地位傳之於子孫，並且這種地位成了羅馬的大部分耕作者的一般狀態。當承認這種個人的及世襲的固定地位的時候，法律祇不過是確認那既存的事實而賦以效力，並且這也是由於社會的各種情形，尤其是由於農業上的必要而發生的。殖民人（coloni）階級一部分是由契約上的自由佃農而成的，這種佃農是因爲滯納了鉅大的地租，成了債務者而被拘束於領地的；一部分是由異邦人的俘虜或移植民，及因野蠻民族的侵襲而來避難者而成的，由這種避難者而成的農奴，大概是國家關於土地方面而使之在這種狀態的；更有一部分好像是由小地主及其他貧民而成的，這一種人乃是因爲認定這種地位是他們自己的一種改善，而自動選擇的。他交納一定比例的生產物於其土地的所有者，並且因他自己所保有的土地面積廣狹不同，而提供一定分量的勞動。法律很久沒有干涉這種種習慣的佃農制度，一直到第四世紀還沒有將它有組織的制定起來。其後國家關於這種制度所以不得不設規定的，實在是出於國庫及徵兵上的要求。農奴因此要登記在納稅於國家的調查簿，而這種調查簿就是登記農奴自己所償還的租額，及地主對他所要負的責任的。同樣的原則，在我們關於都市產業所知道的哥羅那士斯（colonatus）方面也存在的。在康斯湯丁的一種法典中，承認殖民人永久定住於土地。假使他放棄了他的保有地，他就要被捕回來處罰。無論何人，如果將他收容，便不但要將他送還，並且還要交納賠償金。他不能和同一領地外的人結婚。假使他娶了其他領主的女農奴，則該女農奴就要逮捕回到她元來的領地，其結合的結果所生的子女則分配於兩領土之間。殖民人的子女也是固定於同一狀態，他們不能脫離其所屬的所有權。他們及他們的子孫，是在色屋多錫斯（Thodeosius）的法語上，即「在永遠之誓上」保留起來的，並且無論根據何種手續，都不能脫離他的義務而解放出來。在第五世紀的末葉，根據阿那斯他錫斯（Anastasius）的一種法律。凡自動來到某領地的殖民人，都要依照三十年間的借地的規定，而永久定住於該領地。領主對於他的殖民人能夠加以「適當的處罰」，若他企圖脫逃，就可以將他鎖縛起來。但對於他們或其所有物的不當要求或損害，他們在法律上也可以向主人要求賠償。無論在什麼情形，地租或勞働的義務是不得增大的。殖民人和土地不得分別轉讓，土地也不得和殖民人離開而轉讓；又為使買賣發生效果起見，不得將同一家族者分開的賣却。他可以所有他自己的財產，但沒有主人的同意，不能將其轉讓。像這種情形，這一階級的人一方面在人格上雖然是自由的，但在他方面，其境遇却帶有半奴隸的性質；若根據色屋多錫斯法令，則其曖昧的法語雖不能照文字的意義去解釋，但事實上是指「隸屬其出生地」的意思。薩爾維安（Salvian）又用了和「成了奴隸」【註二】語意相同的「成了富家殖民人」的語句。在事實上本有些誇張的「中世愛勒米亞」的章句，常常不大正確。哥羅那士斯（colonatus）並不是壓迫的制度。這種制度對於不正當的要求及放肆的擾亂，反給以眞正的保護，並且是耕地奴隸的耕作組織之一種顯著的進化。然而我們於此所應觀察的要點，乃是在殖民人的境遇和奴隸的境遇之間，有使兩者融合於單一階級的傾向。

註一 De Gubern. Dei, V. 8, 9.

殖民人之外的大領地之中——在第四世紀這些領地是特別大規模——，有一種奴隸是定住於一定範圍的土地內；他們是在其所有者自己所耕作的所有地的一定部分內，受適當的監督而勞動。但此外又發見一種方法，就是將某種奴隸(大概被解放民也是同樣的)置於領地的其他部分內，和殖民人所服從的條件一樣，僅給他們一小塊耕地，這種方法較爲便利，因之這種方法就都一般的實行了。這些奴隸在事實上烏爾辟安 (Ulpian) 稱爲准農奴。他們有自己的家庭，並且成了一種佃奴 (casati) 了。這些奴隸在法律上，起初是由主人任意處理的。他們在嚴格的意義上沒有任何財產，而且可以被主人賣却，從其家族離開。但是地主的利益和一般的觀念，卽在法律未干涉以前，也都是限制了這種大權的實行。他們在習慣上定住於他們的保有地，並且事實上是永久的、世襲的享有。根據瓦倫地尼安 (Valentinian) 一世的法律(三七七年)，這些奴隸的買賣，除將他們和他們所占有的土地同賣買以外，是不許的。殖民人和奴隸借地人之間的法律上的區別，在日耳曼民族來襲之後還繼續的存在着，可是實際上的差別却顯著的薄弱了。殖民人往往和奴隸有同樣的住宅，他方面奴隸也有殖民人所固有的住居。這兩階級的結婚是很頻繁的。在第七世紀的末葉，他們彼此間的區別，就好像沒有什麼實體的存在了。奴隸的借地人在固定的、世襲的方面，並不亞於其他奴隸，並且他們所負擔的義務，也並不比較的重。

這樣一來，一方面自由勞働者及殖民人，與他方面的奴隸，融合於所謂農奴的一種共通階級的傾向；我們對於這種社會的及經濟的事情，固然是承認其相當的重要性，而同時對於教會在奴隸制度的限制及個人解放的促成上所演的職務，也是不能忽視的。我們不能夠像通常的研究那樣，把他們自己所思想的教義及教訓，來拘束了我們的見解，因爲那是沒有效果的。我們應將這些教義教訓視爲獨立的宗教階級適用於日常生活的實行和組織上的東西；這種階級是爲一切社會階級所支持，並且是爲規制其關係的兩階級所同樣尊重的。僧職的一般的態度，充分的表現於法王古勒哥里一世之有名的宣言上面。〔註一〕

註一　解放者之使那種本來是生而自由，一旦因民法而成了奴隸的人們恢復自由，乃是一件善舉。(Ep. 8.

Grgeorii Magni, I. V. ep. xiii.

若回顧以上所述，可以明白北方民族之侵襲，關於由奴隸制度轉化到農奴一事，差不多是沒有關係罷。祇有兩種事態暗示了我們，使我們認爲他們的侵襲使變化加速了。第一，是新發生的地主，並不甚了解，或在實際上顧慮到耕作者各階級之間的嚴密的差別點。他們恐怕以爲狀態很相類似的殖民人和奴隸，現在是站在同一的立脚點上了。第二，假使我們可以相信他錫士斯(Tacitus)所說的，〔註一〕則日耳曼人在他們的發祥地內，本沒有賤役的奴隸，並且他方面，他們過慣了將奴隸分置於領地的各方面，使之交納一定比例的生產物於其所有者的一種制度。這種種的考慮，是有若干的重要性的。但大概都是和封建制度通常發生的情形一樣，關於被封建制度所限制的個人的自由之特別尊重，北方民族的影響也是不足道的；而且無論那種變化，都並不是急劇的，可以說就是完全沒有這種侵襲，也是要同樣發生的。

註一 De Moribts Germ; c. 25.

像這樣所發生的和平革命，實在是慈惠的。已經沒有和他的妻室子女隔離之虞的農奴，可以形成和普通所謂的家庭了。他可以充分的爲他自身及他的家族，要求教會對其信者所應賦與的道德教育。他們可以由規定的習慣之認可，保持他所得的一部分，由購買的方法而期待獲得其自己的完全自由。又有許多場合，企圖買得其自由的欲求，是和羅馬的奴隸一樣，決不是純粹惡劣的。因爲他已爲對勤勉、貯蓄、及自利的習慣之傾向所刺戟，並且他在完全解放後之指導其自身行爲的能力，已被確認並確保了。

第五章　農奴制度的廢除

已如前述，古代奴隸制度乃是適應古代社會狀態且可以完成一定政治機能的制度；這種機能完全喪失以後，繼其後而起的農奴制度，不過是一種單純的過渡狀態，歸根到底，除將勞働民衆引到完全人格自由的境界外，沒有其他任何到達點。在都市的農奴如何成了僱傭的勞働者，是不難想像的，就是：有時候，無疑義的是以他自己的所得，購買了他自己的自由；又有時候，是因爲以維持他的給養所需要的費用來保持他的勤勞，在主人方面是不利益的。因這種全階級的解放，遂樹立了自由的產業社會，這又因都市自治權的賦與運動（但不得與解放混同）而助長了。然而要想尋求田園奴隸變成自由佃農的各階段的痕跡，却是很困難的。亞丹斯密【註一】曾說：『這種重要的革命所發生的時期及形態，乃是近代史上最曖昧的一點。』亞丹斯密自己將這種變革歸到下列的兩種原因，卽：（一）因地主從耕作者努力爲自己而勞働的方法所得到的利益更大；(二)因君主給與了賤農（villain）（亞丹斯密的這一語，似含有非自由佃農的全混合階級之意）的獎勵以警戒大領主，侵犯大領主的權力。這種經濟的及政治的理由，無疑義的是事實，是正當的；但亞丹斯密似乎過於重視了獨占的效能，而忽視了那協助引起同一結果的道德的及宗教的原因，尤其是農奴和地主之間的自然介紹者之僧侶的誘導。農奴在教會的領地內，似受了最好的待遇，就是在個人的領地內，也是因僧侶的誘導，即「神愛之前」，尤其是在臨終之際「為了救靈魂」而實行許多解放。

註1 Wealth of Nations, bk.iii. Chap. 2. 哈拉姆說：

「這和關於社會進化的其他許多情形一樣，是非常曖昧的問題。我們可以滿載被圍攻的都市及被劫掠地方的標識，可以詳細的追述戰迹或和祭典，甚至一切外面的美觀之王侯過去的史實，然而都不能發見眞正的人類歷史。」Middle Ages, Chap viii. Part 3.

我們祇要有資料，則對於農奴制度的廢除之歷史的研究，就會指出一種明瞭的共通事實，就是：該制度的廢除在社會進化的一種階段上，無論是如何必然而且重要，但若就其自身看來，則首先第一可以想像的，田園地域之耕作者的地位，並沒有什麼顯著的進步。然而該制度的廢除在事實上有一種傾向，就是將農奴從各種墮落的狀態救了出來，而使他覺悟到人格的觀念；並且該制度的廢除，使他的命運上受了確定的影響，而使他立卽向着更進一層的進化上開拓一條道路，並創造了對該制度的廢除的要求。然在廢除之後，若不準備次於這種行動而更進一步的行動，則佃農及其家族，卽使他們有耕種土地的永佃權，還是依然要服役許多壓制的勞務，而且必須常常以實物或貨幣的形態，交納法外的、苛刻的稅額。法律固已不束縛他於土地，但他到底不能放棄其生計之唯一資源的土地，他除服從他所負擔的多而且酷的條件外，是沒有他法；並且在某種情形，領主自身或其代理者做了不公平之事的時候，領主又有妨礙他對於不公平而主張正義的法律支配權。這種過酷的狀態之除去，雖已爲各國中央政府所促成，各國政府雖因其自身的利益而誘起這種政策的採用，但却因固執於傳統的特權之貴族階級的反對而受了阻礙，事情就困難了。於是由佃農——已經不是農奴——到眞正獨立的市民之轉化過程，就要很悠久的倚賴於政治家的行政才能，精力，及比任何都要特別而並不一定常常表現的忍耐了。卽在封建的服從關係的痕跡已經完全消失，佃耕地祗在形式上根據自由契約而保有的地方，他們也往往的是被操縱在地主的掌中；明白說，就是地主可以任意的提高地租，可以用解除租約的威嚇，強制他不得不同意於地租的提高。地主往往由定期的競爭而將土地委之於地租最高的納付者，其借地人所得享有的，除元來的占有者所能獲得的利用外，是毫無利益的。社會改革者雖強制的使這種種罪惡成了立法上的問題。也曾經過討論，並實行了許多重要的努力，但是還不能說已達到最後的解決。敍述這一方面的後來的發展，乃是本書目的以外的事情。因爲那並不是屬於奴隸制度的歷史，乃是屬於近代一般社會的歷史，尤其是屬於農業階級的歷史。我們祇敍述和農奴制度的廢除在本質上是有關聯的，使其達到完全效果之必要的，以及可以認爲是其行動之一部分的那種改革。

以下試將歐洲各國的情形，在能夠覓得其痕跡的限度內，更個別的加以研究。

法國

為拉爾氏曾指出由凱撒征服以來到封建制度的廢除，在本來的奴隸階級的狀態上的一步一步的發展。他劃分三個時期，即：第一，是一直繼續到眞正奴隸制度時代的野蠻民族之加里亞的征服。第二，是終於夏爾•巴爾得（一八七七年）主政時代的末葉。在這一時期內的奴隸制度，乃為他叫做「奴役制」（servitude）的中間名稱之一種過渡狀態所替代了。奴役的權利雖不能充分的為市民法，所承認和保護，但至少却為敎會法或社會的習慣，所承認、所保護了。【註二】在封建制度發達的第三時期，眞正的農奴制度已經完全成立，農奴祇不過單在各種不同的名稱之下，而為一種領民了。此處所述的三種人格的狀態，在各時代中雖都併存，但各個人格在各個不同的時代上，却各顯著的占了優勢。在第九世紀的末葉，農奴許保有他的財產權及繼承權。在第三王朝之下，他們與其說是佃農，毋甯說是從者；而且他們所交納的，與其說是地租，毋甯說是賦稅；簡言之，他們乃是位於封建階級之最下位的家臣。不單是農奴附屬於土地，土地也是附於農奴，而且使他離開土地的困難，恰和使領主離開其領地的困難一樣。

註一 Polyptyque d'Irminon, I. P. 277; Cartulaires de France, I. § 31, seq. 哈拉姆 Middle Ages, Note xv. Ochap.II） 雖懷疑葛拉爾氏的各種結論，但這些結論是由許多論證支持了，大體上似屬正確。

註二 在這個時代，一切社會的要素，都陷入了祇爲適應時勢急務的封建制度的典型，並且爲達到這個目的，無疑義的是時常的採取了嚴格的手段。有許多人自己進而爲有力者或宗教團體的奴隸，如此就可以脫離了暴力而被保護，或在當時特別荒歉之際而可以獲得生活資料。

葛拉爾會將促成農奴解放的直接原因，列舉出來，(主人自己進而給與自由，或以遺言而賦與者除外)就是：(一)逃走，(二)受任爲聖職，(三)由於他們自身或他人的申請，(四)和身分較高的婦人結婚，及(五)主人犯了某種不法行爲之法律的效果等。教會爲使發生同樣的結果，也會協力於農奴的解放，這可以由許多的實例表示出來。例如加羅林季安領內的僧院改革者聖·拍納地克脫·亞尼亞諾，他雖然受了信徒的許多土地的贈與，但他並不是爲鞏固自己宗教的基礎而受領，却將耕種其地的農奴解放了。

包含一村落全人口之解放的特許證，有時候作爲交納一定金錢的代價，而從領主交付下來；但這種效果，却時常因爲必須取得解放家臣的一切封建的上級者之承諾——往往爲個人的惡意所拒絕，或必須以金錢賄賂纔承諾——而妨礙了。然而這種困難，已因許多領主的所領地集中於國王而漸次減少，這和國王使市民對貴族而形成市民社會一樣，國王所以爲田園住民的利益着想，而使領地集中於自己之手，也就是爲自己的利益所誘導的。斐立普·奧古斯士斯曾研究在全領地中創出一新市民的方法，根據這種方法，王臣或其封建的下級者的借地人，雖然還是續居於領地，但可以由一宣誓而與其領主斷絕關係，並且可以由一定年額的納付而成爲特定的都市市民。這種手續是極容易而且有效的，所以有時雖然領主很願意受領解放費，而借地人卻拒絕贖囘其自身。從斐立普四世主政時代起，雖就開始了全州的解放，但這乃是國王因爲法蘭達士戰爭的戰費不足，而不得已實行的；並且他這種政策爲其嗣子路易十世，以同樣獲得金錢爲目的而繼續實行了。路易十世雖給王領內一切農奴以自由，但因價格過高，所以差不多不曾有人來利用這種機會。這種種國王的法令，大概不外乎是旣成的事實(fait d'accompli)的認可，並且實際上也並沒有什麼東西給予農奴。法國國有地的大多數耕者，在第十四世紀中，的確不是農奴了。但他們一直到革命的當時，【註一】雖然是緩和了，可是還依然是被壓迫的，並且還要繼續對於借地權之個人的及偶然的苛稅和重賦。我們試一觀那個時代的佃農地位便明白了。

註一　他們至少是在該國的某一地方內，即在路易十四主政之最善的時期，其如何苦於貴族壓制的情形，都可以從一六六五年的古爾•究爾•得維爾紐上所載的富勒西愛 Memorire 一文上所發表的敘述判斷出來。

有一事是必須回憶的。就是他所耕種的土地有若干爲自己所有，乃是極普通的事實。在美國久有一種觀念，以爲土地所有權的再分是始於革命之時，在現在纔明白是錯誤了。農奴在第五世紀以來，否，即在此以前，就有許多從領主買下他們的保有地的。法國的經濟學者對於小田園財產之不當的增加一事，屢表示沈痛的意見。阿薩•印古(Arthur Young)在該國各處旅行的時候，曾顯著的爲『土地所有權不可思議的分割法』所驚倒，他說『……王國之一半，甚至三分之二都爲小地主所有了！』【註一】這話在現在雖信以爲是過於矜誇，但農奴的財產占有全土地的四分之一，是可以承認的。不待說，農奴除了爲自己所有而獲得土地外。也還常常做借地人，普通是做分益佃農（metayer）而耕種剩餘的土地，也常常去做僱傭勞働者而勞働。

註一 Travels in France, ed of M. Bentham Edwards, P. 330.

領主已停止其手中所保持的田園地方支配權，這種權力已移轉到中央政府，而由監督官及其部下的官吏指導並監督所管轄區域內的事務了。有時由貴族委派代理人去管理田園，但這是例外，通常則貴族在公共事業的管理上，是沒有擔任任何職務了。他們住在巴黎，他們的奢望是在宮廷飛黃騰達，以博得王室的愛顧。他們的階級雖還殘存着，但其政治的機能都已消滅。他們祇不過免除納稅義務，並有其他種種的特權，可以與其他住民區別。這些特權中，還有封建的各種權利。但這些權利也是隨着時間的經過而顯著的被限制了，現在在性質上，主要的是金錢的權利。這種種權利也因州而不同，卽在同一州內，也因地方的不同，而有顯著的區別。然而最普通而且重要的，乃是下面的數種。卽：封建的賦役或勞役地租，但現在却成爲例外的而且極輕微的了。通行稅、市日稅、市場稅等；領主的磨坊碾碎穀物，在領主的葡萄壓搾場上壓搾葡萄，及在領主的燒麵包場上燒麵包等等所課於農奴的勞役；在領地(Monor)內部買賣土地所納付於領主的特費；對於領主所要納付而不得免除的貨幣或欠物之免役籤(Quitrent)或稅金。領主有最高壓的狩獵【註一】規則所保護的野外遊戲的特權。這種種特權不僅是屬於普通貴族，也同樣的屬於宗教上的領主及宗教團體的首長。他們課賦同樣的稅金，強徵同樣的勞役地租，並且在由征服而獲得的東部地方，還依然可以看見農奴的存在。例如法蘭休·康脫的聖·克羅得的伯爵主教，其訴訟事件是由瓦脫爾辯護的，而其所有的四萬農奴祇不過在一七八九年之前纔解放了。

註一　請閱 De Tocqueville, L' Ancien Regime et la Revolution, Eng. tr. by Henry Reeve, bk. i Chap. 1. 得，脫克威爾更附上註釋，而將十八世紀的後半由法律學者所詳述的各種封建的權利，詳細的敘述了。

封建制度的遺物，有如我們之所知，其所以那樣使人討厭而難堪者，就是領主的權利和政府的義務早已沒有什麼關係的事實。他們課了農奴的稅金，但自己是並不曾與以何種相當的貢獻，並且這種稅金，可以視爲他人從一個土地所有者的身上所榨取出來的專橫的貢納。中世紀的制度之部分的崩壞，使其賦存的特質更不合理而且可厭，尤其在德國方面，其負擔更重，但却被較强的忍耐力忍受了。法國封建制度的一切遺物，由有名的一七八九年八月四日夜間的國民大會上，一掃而空之了。

英國

葛拉爾是在在中世文獻中之 theow 一語的曖昧性所生出來的困難之下而加以觀察的。

【註一】在英國農奴制度的研究上，卽如羅巴脫遜、哈拉姆、根布爾等有名學者，由於奴隸一語在其固有的意義上，或在其與農奴有關聯的意義上，都不甚明確，而使問題混沌了。斯達布斯博士避去這種曖昧的名稱，對於社會的事實比對於法律的條文更一層注意，而將該階級的歷史在明瞭的境界之下敍述了。【註二】盎格羅・撒克遜時代的奴隸，是『被認爲他們的所有者的資本，……關於他們對第三者的犯罪，主人要和對其家畜所犯的罪過同樣負責。……他們沒有何種贖殺金，沒有信賴性，也沒有法律上的權利，對於他們所加的不法行爲，認爲是對其法律上的主人所加的不法行爲。』但在實際上，比在法律上的理論上，主人對於他們比較的更親切些，他們有收受正當分量之食物的權利，『他們確保有他們的聖節休假日』。他們『依於某種明瞭的方法』，和羅馬的特有財產（peculium）一樣，准許他們自己貯蓄，因之也准許他們贖囘他們的自由。此外『宗教的法規對於他們的虐待，可以强制其主人實行一種贖罪』。有一種愛色爾巴及加細脫的法律，禁止賣人口於異教徒的主人；又因聖瓦爾夫斯登傳教而消滅了奴隸的買賣。——其主要的處所是勃列斯得爾（Bristol）。——諾爾曼族征服以後，因威廉及其後繼者之盎格羅・撒克遜族的高級者之組織的沒落，在他們的封建借地法之下，遂使保有一部分財產的人，和他們的不自由轉借人之間，有更進一層緊密接近的傾向。在英國通常的有限制的封建制度之下，統治權脫離領主及宗教的領主而獨立，比大陸諸國更甚；——一切的屬臣要誓從國王，而且承認他們對國王仍忠節比對其直接的優越者的義務還要有效些。英國早已接近於眞正的王國了，國王可以反對高級者的不正和簒奪而擁護低級的階級了。在士姆士丁書上所謂賤農，並不是奴隸，他是代表盎格魯·撒克遜的最下級自由民的一種人，他是不准移動的耕作者，在現在，他可以說是領主的普通佃農。諾爾曼的貴族，已將賃居小屋的佃農及立於更不利的地位之其他佃農混同爲賤農了。在最下級的自由民成了賦農的時候，theow就完全消失了。由這種融合而造成的階級，其所占的地位，是『可以兩立於很大的個人安樂及某種社會的野心之間』的。賤農很安全的保有其家庭，他們對於主人的虐待有一種救濟的方策，他們假使要進一步放棄其保有權而採取逃入都市的一途，則他們可以成爲基爾特的夥件；在那個地方，他如果繼續一年，每日都沒有接受何種要求，他就可以獲得完全自由民的權利；』並且他逃避之後，即在爲其元來的主人所控訴的時候，法律還是擁護他的自由，對主人所提起的訴訟加以種種的障礙。『在較爲良善的主人之下，或在僧院及寺院之下，賤農甚至享受爲其優越者所羨慕的那種免除和安全。他對於不公平的事件，有他的簡易法庭，有自己村落管理上的發言權；他祇要用些須手段就可以買回其子女，而使他們加入更高的生活狀態』。維爾他·馬普明白的說在他的時代（第十二世紀），賤農曾使他們無智的子女受文藝的教育。在亨利三世長期的主政期中，他們有許多人——他們及他們的子孫——經過長的時間，履行了政府所記錄的借地權之一定條件以後，就保有其所占有的農地而成爲土地的所有者。在這種種集團的解放以前及其中間，已經有許多人爲其所有者所解放，或爲有慈善心的人們所贖回了，——這主要的是由於僧侶的獎勵。在隨愛得華三世主政而告終的十三世紀中，我們知道有許多自由的農業短工勞働者，曾要求很高的工資，甚至於引起國王的干涉而予以減少，而這些勞働者無疑的就是被解放的農奴或其子女。在第十四世紀的初頭，『賤農所以稱爲不自由，不過是單純的法律上的形式。』在李卡得二世主政時代，他雖然倣效羅馬奴隸制度的學說。卽『關於奴隸身分的法律學說，亦卽殘忍而嚴酷的學說，甚至幾乎對無理的壓迫給了保證；』但在他方面，社會的各種原因却改善了他們事實上的命運。法律家所欲維持的各種簡單原則，在進步的人道觀念【註三】正在普遍化的時候，取了一種新方向。誘起一三八一年的暴動【註四】的，並不是農奴的正常狀態，乃是因領主想要重新確保勞働者條例，和實際上成爲廢物的法律上的權利而激發的。在貨幣成爲交換媒介而普遍化的時候，賦役就變成了地租，因之，在認所有主和占有者的關係爲契約關係的英國，並沒有什麼相反的特別立法，【註五】而農奴制度就死滅了。但這是和法國一樣，在英國也有例外殘存着。若據哈拉姆【註六】所說，則伊利沙白於一五七四年爲某地不自由民的利益而實行的政策，恐怕就是解放的最後的事業罷。此外，蘇格蘭之炭坑及鹽山的勞働者，他們在根據喬治三世主政之第十五年及三十九年的法令而獲得解放以前，還好像是一種農奴的狀態。【註七】

註一 Polypt d'Irminon, I. P. 388

註二 Constitutional History, i pp 79, 429 Sqq.

註三 此事由威諾古拉得夫教授在其 Villainage in England (1892), Easay I; Chap. ii 上充分的指示了。

註四 富羅阿薩爾曾力言：『當時賤民的顯著的富裕狀態，反引起了這種暴動。』Chron ii. 105.

註五　聖湯姆士斯密斯在其著 Commonwealth of England（一五八三年死後出版的）一書上，將如同古代羅馬的 Servi 和 Vornoo 一樣的，從屬於某人或其繼承者的 Villains in grosso 和當作 Adscriptitii Gleboe 的 Villains regardant 區別之後，更附加了數語，說：『無論是那一種款，在英國都不甚多。尤其關於第一方面，在我國，在我這個時代，我是什麼都不知道的。第二也幾乎是不足道的，但我國的法律對於兩種類却都承認了。』斯密斯生於一五一二年，死於一五七七年。

註六　Middle Ages, Chap. iii. Part. 3.

註七　請閱揭載於 British and Foreign Evangolical Review, V. 1. 27. 上之斯摩爾的有興味的論文。布拉得威丁在 Waverley Chap. 41 上，關於「colliers, Salters 及其他 adscripti gleboe 或土地奴隸」所述的，乃是農奴制度之例外的殘存物。

意大利

北部及中部意大利有力的自治市初期的勃興，對於田園地方住民的命運有兩種相反的效果：在一方面，因爲這種勃興對於由領地逃出來的農奴供給了一種避難所，遂對於封建的及宗教的領地之專制支配，給與了一種掣肘。從我們在十二世紀的初頭所發見的這種事實的證據上，可以知道：這種勃興使農奴逃亡的事件非常頻繁，並且在領主方面有很大的損害，因此，領主曾求得國王的禁止命令，但這種命令在實際上幾乎沒有效果。逃走者或因都市的手工業勞働而獲得了生活的手段，或被編入於市民的軍隊中。於是因失去土地耕作者的恐慌，遂引起領主對農奴更進一步的八道的待遇，用很容易的條件來解放農奴，並且在保有地內賦予農奴以若干的固定的借地權。在他一方面，都市的所領地，依於征服及其他方法的擴張，對田園階級方面往往是不利的。從屬於這種新支配之村落及田園地域，常因彼此競爭的各都市間不絕的鬥爭，而蒙受一種重稅的負擔，因此，暴動也就常常的勃發起來。這種種的結果，遂使自治村落或因加重的處罰，或因禁壓的方法，而將其曾經享有的自由喪失。反置於支配都市特別任命的官吏的支配之下了。官吏爲了自己的利益，或爲其同僚的市民的利益，對於農民可以盡量的發揮其專制的威嚴。又有些小地主往往被迫得而賣了土地，將其土地以年期或短期的條件委之於佃耕，而這種佃租又可以不絕的增加，並且他們因爲已經受過奪取的威脅，對於這種增加是不得不服從的。第十三以致第十四世紀的當中，地主這種沒落的狀態，曾普遍的擴張到上部及中部意大利。

然而在同一時代中，個人的農奴制度却不存在了。解放事業的第一步是由波羅那開始，在一二五六年，無論公有地及私有地，都是由政府的財源補償領主，而解放一切農奴。脫納維索於一二六〇年之間，也倣效了前例。其次就是法羅倫斯，該處曾議定了一切的不自由民，都可以以其所有的範圍，贖囘他們的自由，可以用金錢的交納來代替他們被束縛的封建的各種義務及勞役。（一二八八年）同時並禁止農奴的轉讓，農奴和其耕種的土地同時或各別的轉讓，也都一樣的禁止了；並且規定了一經轉讓，則農奴此後就可以自由。其他都市也都採用了同樣的政策，因之，這些自治市的農奴制度，到了第十四世紀的末葉就爲法律所廢除或自然的消滅了。

但對於這種已經成爲自由的階級，爲給以更進一步的救濟，還有許多應做的事情，然而經過了長久的期間，仍是照舊的沒有完成。

倫巴爾底和脫斯加尼農村住民的利弊，已經由奧大利的哈普斯布爾格家熱心研究了。瑪麗亞・脫勒薩對於土地及自治村落的自由制度，曾給前者以兩重良好的評價，卽正直而且正確的評價。黎奧波爾多(後來的皇帝)曾廢除了後者任何殘存的封建役務，並且以公平的價格或正當的地租爲條件，將他們保有地內的財產及其中可以轉讓的領地，賦與了大公爵領地，教會領地，及共有地域的自由佃農。

若轉述到南部意大利，則我們在南西西里的諾爾曼，及賀亨斯脫豐王家之下，可以看見貴族及教會領地的農民，還是大部分不自由而被土地束縛着。但在王領地內，則住有很多的自由民。在國王有強力足以防阻貴族的時候，佃農的地位是十分良善的。他們可以自由處分其所有物，並且在無遺言而死亡的時候，可以由子孫繼承其遺產。他們的封建役務及種類，在分量上是一定的，並且法律保護他們。以防止對他們壓制的待遇。富勒得里克二世（一二三一年）曾廢除王領地內的農奴制度，並且剝奪領主對領地內農奴的生殺權。

在統治拿破利的安葛溫家之下，事情是向着惡的方面轉變的。向來所不知道的封建的各種權利都從法國帶來了，貴族在許多地方，竟行使了他們在沒有任何法律上的要求權之刑事裁判權。在西西里島這個地方，領主竟於十四及十五世紀的混亂中，由亞拉觀諸王之手獲得了包含對國王訴願的這種裁判的無限權力。當西班牙支配之下拿破利和西西里合併的時候，（一五〇四年）農民常深苦於總督過分的不公平及私利的壓制。在布爾波政府繼承的時候，（一七三五年）他們的狀態也並沒有改善。即在第十八世紀的後年，他們還負了不堪憤慨的那種封建的重荷，小地主或世襲的佃農的數目是極少，關於他們的保有地，通常都賦以很短期間的借地權，並且充滿了不合理而難堪的限制和條件。我們關於土地耕作者那種可憐的狀態，曾由其目擊者方面得到可信的報告，並且這種報告，使我們想起了拉・布留愛爾關於十七世紀的法國佃農之有名的描寫。

在披愛得門及薩奧兩地，有二三撒丁尼亞的諸侯，對於人民曾有所貢獻。尤其是威克脫爾・亞廳郁斯二世及查理士・愛廳牛愛爾三世兩人，前者的貢獻是封建役務的廢除；後者的貢獻是使農民能夠以官吏所定的金額贖回其剩餘的負擔，而這種官吏就是爲了這個目的——但除不完全的效果好是看不出其他效果的一種目的——而任命的。封建的各種特權之完全滅絕，由革命後法國占領意大利而顯著的實現了。侵略者對於那種或直接由於法律，或由於尚保持一部分支配權的諸侯的努力，或由於他們的禁止及他們的公告而驚醒意大利的人民使有暴動的戒備，於是那已經勢微力弱的封建制度，更加上了最後的一擊；而其效果雖阻止了傘破崙沒落之際舊政府的復活，但終不能使之歸於失敗。這些政府在實際上往往使必要的改革不能夠完成，或縱有改革的意志，但也缺乏完成其意志之堅忍不拔的勢力，以抵抗貴族因利害關係而起的反對。然亦有如查理士·亞爾巴脫之例外的幸運，明白說，就是：他（在政府雖犯過二三重大的罪過）在撒丁尼亞島曾完成了和普魯士一八〇七年相同的和平革命。

西班牙

在阿斯都利亞斯山中基督教教徒避難者，從其同的困苦及危險當中，勃興了一種友愛的感情，使上下各階級都互相密接的結合起來。此後在漸圖恢復半島的過程中的政策，又使領主給農民一種很好的待遇，以吸引尙從屬於囘教教徒地方的移殖民，於是就促進了曾爲民族間鬥爭所蹂躪的土地上之耕作。因爲這種原故，所以西班牙的農奴狀態，老早就較優於歐洲其他許多國家的農奴階級。農奴制度雖爲西哥脫的法律所承認了，但是我們若把法蘭克人所征服，且包含於西班牙邊境的地域除去，則祇不過以比較和緩的形式存在於新獲得的各州而已。【註一】在這個時代，任何地方都不知道的各種權利和特權，都由國王以比較那賦與自治都市的法令還早些的各種法令，從領主及教會團體的手中拿囘來，而授與自治村落了。完全的自由依於對一切移殖民的認許而確保了。他們根據一種世襲的借地權而保有其耕種的土地，並且已從最高壓的，最可惡的各種封建的義務當中解放出來了。在十三世紀的末葉，一切自治區就都有各種法令，並且斐爾地南多五世鑑於除去加他羅尼亞及阿爾根——包含於西班牙邊境的地域——的一部分外，其他各地都已沒有農奴制度的存在，乃更於一四八六年，將解放事業推行於上述的兩地，而以一定金錢的交納，代替了農民所服從的封建的貢納及役務。

註一　拜倫所說的「西班牙的下層階級決不是土地的從屬者」（Note on Lara）這句話，是過於極端。哈拉緣對於加斯地爾的農民狀態，也好像是過於樂觀了。請再閱Piernas Hurtado, Haoienda Publica, Vol. ii. P. 400

但向着惡的方面的一種變化，在很久以前就發生了。在查理士一世（查理士第五世皇帝是比較的更著名）主政時代，一方面農民參加了柯莫納羅斯的謀叛，他方面貴族依附着國王；但維拉拉一戰，貴族勝利之後，（一五二一年）農人因為失去了國王的保護，就大大的受了貴族專橫的支配。從十六世紀中葉到十八世紀中葉，他們在人格方面雖說是自由的，但實際上則甚至有如斐約在一七三九年之所說，西班牙的農民命運比船艙中的奴隸還要不幸，他們在很多而很酷的不幸的原因之下感受痛苦。因政府政策的倒行逆施，和不顧其階級利益之貴族的游惰私利，而陷國家於衰運的結果，遂使田園地方的下層階級成了最不幸的貧困者，而該國的人口在百五十年之間竟減少了三分之一。西班牙·布爾彭家，其中尤其是最特出的查理士三世（一七五九年——一七八八年），對於這些弊害雖都用了些力量來企圖矯正，但都因特權階級的反對而失敗了。

最後遂因暴動和內亂而實現了必要的改革。加的斯議會及一八一二年的憲法的特徵，就是爲謀西班牙的復興而造成了獨立農民，即世襲的借地人和自己所有土地的人。貴族世襲的支配權是廢除了。這些作用雖因斐爾的南得七世的復活而妨礙了、遲緩了，可是最後卻並沒有消滅。因王領地的賣却和教會財產的還俗（一八三六——一八四〇年），而投出許多土地於市場的結果，於是就有許多個農利用了這種機會而成了土地的所有者。

德國

德國大部分農民的狀態，在十二世紀中葉和十五世紀中葉之間，就很顯著的改善了。這種改善，頗得力於該帝國隆盛的新興都市的活動。這些都市都曾以擁護農民，反對領主爲光榮；此外逃走的農奴，（此後以普凡爾褒格爾著稱）曾在其郊外很頑固的受其庇護，以致國王雖努力的想使這種習慣終熄，可是並沒有効果。都市所領農業地域的農奴狀態，大概都優於其他地域的農奴狀態，並且他們可以依較易的條件而解放。但許多封建領主和宗教團體的首領，因不絕的戰爭和大規模的移民，致使田園的人口稀薄而發生勞動者不足，也都來改善農民的地位，使他們的耕作權成為世襲的，並減輕他們所負擔的勞役的重負。也有許多自由農民的自治村落存在着，尤其是以薩比亞、法蘭蘇尼亞、來因、及威斯凡利亞等處為最。但在這一時代，仍然有些地方，農奴階級還存留着過去的狀態。

在十五世紀的後半，逆轉的勢力遂開始活動起來。那發達於奴隸制度社會而可以適用於奴隸制度社會的羅馬法輸入了，於是地主權制之嚴格的法律概念，就漸漸的代替了那一般化的自由主義的習慣。在社會進化的過程上會經存在的各種隸屬關係，其中有些還有非常穩妥的性質，但一到法律家的眼目中，便強使其合於單一的典型，且混入於一般農奴制度的記述中了。農民便喪失了他們在村落中裁判事務上所曾有的參加權。因那個時代的奢侈——並沒有精細的教化與之相隨的奢侈——日益增加，國王及貴族的金錢要求日益增加，遂促進他們使農民的肩上負擔更重的課程和勞役。並且因德國當時不絕的戰爭和不睦，更強制許多自由農民拋棄了他們的獨立權，而使他們自己置於隸屬關係的有力者的保護之下。

已經享有相當自由的階級，現在却服從於這種隸屬的關係了。這種不平等的狀態，無疑的成了一五二五年農民戰爭的主要原因。農民戰爭的結果，在某一地方直接使他們的負擔減輕了。這種暴動的回憶，好像一時也曾阻止了貴族所加於地方人民的各種權利上的橫暴。然而這些權利在三十年戰爭之社會混亂及一般疲弊的中間，却比以前更進一層的破壞了。威斯凡利亞的媾和會議之後，大國家和小王國都是立了實際的專制制度，並且貴族也以更爲卑劣更爲殘酷的高壓模倣了王朝的絕對支配。農民對於他們的欲求沒有方法抵制，他們是站在政府的保護之外的；這是因爲政府欲使貴族同意於政府的設施，而抑制議會使失去威信和重要性，因此遂左袒了土地貴族。從十七世紀的中葉到十八世紀中葉的時代，乃是德國農民所不得不圖謀澈底除去的最憂鬱的時代。他們不獨在法律上，卽在一般農奴制度的條件上，受着非常殘忍的待遇，並且他所不得不交納的課稅，及不得不供給的勞役，在事實上都是任憑領主爲所欲爲。地主對於他們往往過於忽視；國家的官吏自身縱然沒有壓迫他們，但對他們並不曾給以何種適當的保護。

德國農奴向於解放而進行的近代運動，比其他任何各國都容易尋出最明瞭的痕跡，因爲它的時期是近代的，它的歷史記錄是完全的。但是我們此處却不能將德意志各個國家的各種形態，一一詳細的加以敍述。我們將對於普魯士及奧大利所實行的政策，稍加以完全的說明，關於其他王國及各小王國所採取的行動，就簡單的敍述罷。

普魯士

霍亨左倫家的諸王，常常希望改善他們領地的農民狀態。佛勒得利克一世於一七〇二年曾表明一種意見，以爲「農民若能始終以其住宅的建築、家畜及種子等等，來償還所給與他們的給與物，則無論何時都可以廢除王領地內的農奴制度。但該王却缺乏實行這種計劃所必要的堅忍性，以抵抗他所遭逢的反對；並且事實上因爲農民非常貧窮，也足使他這種計劃不能夠發生效果。爲了救治三十年戰爭之不幸的半身不遂的各種病症，曾向各方面盡力之實際經濟學者佛勒德利克威廉一世，他爲要吸引移民到東普魯士人口特別減少的地帶，在一七一九年至一七二〇年之間。曾廢除了王領地內的農奴制度，而將其保有地世襲的權利賦予農民。但是他對於農業借地人職業的選擇自由及脫離地域的自由，仍固執了現存的禁制，並將所課於他們的負擔仍舊擱置着，且强制他們的子女個人服役於領主的家庭，所以在其自己的目的上已失敗了。而在普魯士領域波麥拉尼亞這個地方，農奴制度的廢除却又因農民本身的反對而歸失敗。這是因爲農民本於過去經驗，使他們懷疑這種革新或別有慈惠以外的目的。

佛勒得利克大帝曾屢次熱心去努力，保護農民，以反對領主和王臣對他們高壓的待遇。

〔註一〕明白些說，他曾以六年的禁錮處罰，將以棒打農民的事實禁止了，（一七四九年）——這乃是强制實行命令的一種方法，無疑義的，也就是模倣其父王舊例的一種方法，他父王曾一方面嚴責他人犯這種行爲，同時也用了個人懲戒的方法以支配他自己的高級官吏。然而他這種禁制並沒有獲得效果，農民的肉體處罰還是沒有終絕。佛勒得利克對於任意橫奪佃權所發布的命令，是常常有人違背的，因此，他就不得不一再以更重的刑罰，處分違背命令的犯罪者。並且這種弊害一直到他後繼者的時代，也還是依然存在着，因此，就發生了防止這種弊害的新立法的必要。佛勒得利克雖命令波麥拉尼亞全體都實行廢除農奴制度，但該地方的貴族宣稱不能答應國王的希望，於是他次年的新法令，就在事實上放棄了該項計劃。他對於農奴解放的努力，第一就被他所遭遇的領土及國家官吏的反對，第二又被他對於他平常所謂祇有名譽之感的貴族階級的偏愛所遲延了；然而主要的還是由於他自己認爲這種方法若是奏效，則將顯著妨礙他的軍事徵集；因爲普魯士的戰爭，當時主要的是依賴農民而作成的。加之，當時在他的領地內，他對於領主沒有力量來實行一種必要的賠償。總之，佛勒得利克對於農奴的解放，差不多是不曾發生什麼效果，他未竟的遺業，還留給他的後繼者。【註二】在他的死亡與休太因·哈爾丹拍爾赫法之間，除了「農奴制度」的名稱變成了「世襲的從屬制」，及佛勒得利克·威廉三世關於一般地上權極少的不重要的規定外，對於普魯士的農民幾乎沒有做出什麼事來；並且威廉二世竟將他信以爲有懲罰的必要之由領主對農奴的肉體處罰，也不曾廢除，——祇不過是緩和了一點罷了。

註一　他所常常發布的命令，雖命令王領地的小農民到了死亡的時候，其繼承人可以立即爲其土地的所有者，但他的官吏並不一定奉行。

註二　他在近來所獲得的各地，得到了較多的成績。在第一次波蘭瓜分之後，他寄書給窩爾替說：「我已廢除了西普魯士的農奴制度，並改革了各種惡法。」在事實上，他曾確定了王領地內的農民所應完成的勞役，並且爲限制農民所負擔的負擔起見，曾規定領主和借地人之間應締結契約。農民不待裁判所的仲裁而離去其保有的這種事實，也被他禁止了。

此後對於農奴制度廢除之確定的刺戟，便是法國革命及相伴發生的種種事件。德國領土之喪失及萊因同盟的成立，在國民的感情方面，雖然是應當憎惡的，但因這種變化而受了影響的農民方面，却是有利的。在根據留納維爾和會議而委讓的地域內，因法國的法律輸入，而各種封建的權利及關於個人的暴虐的要求，遂對領主毫無補償的一掃而空之了。在該同盟地內的各王——尤其是詹羅姆王，他很聰敏的設立了一種領王和農民間自動的契約制度，這種制度一方面廢除了一切種類之個人的從屬，同時並爲前者確保了在本質上和土地有關聯的，或相等於土地的占有之一種課稅或貢納。一定性質及一定分量的勞役，在農民未以公平的條件贖消以前，也還是依舊維持住了。關於這種種問題所定的法制，在當時各種情形之下雖說是當然的，但却是急性的並且有幾分不精確，因之就發見了許多曖昧之點：發生了論爭和訴訟的事件；此項法制的完成，假使有了相當的先見和熟慮，當然可以得到更好的結果，然而因爲缺乏愼重的考慮，所以祇發生了些微的利益。

佛勒得利克三世在他主政的初頭，就有廢除普魯士的農奴制度，而使農民躋於自由獨立的市民地位之熱心的要求。〔註二〕一七九九年他曾集合官吏，命他們在可能的範圍內，應從速努力免除王領地內的一切强制的勞役，並給農民以自由保有地的認可。這種救治事業雖遭逢了許多困難，但其後數年間，在東方普魯士和西方普魯士及其他各地，終能夠大部分的完成，然而反對急進的社會革命最後的，確定的衝動，在一八〇六年竟不幸迫切而猛烈的發生於普魯士。但圍繞該王國的高潔的人們，却戰勝了偏見和私利的反抗，終能夠替那行將毀滅的領土完成了必要的立法。

註一　普魯士的一個閣員在一七九九年八月，曾對法國大使說了下面的幾句話：「國王表面上雖然是民主論者，而施用了緩慢的方法，但却不絕的盡力於貴族特權的限制，因之，在這數年內，普魯士的各種封建的特權是要大部分的消滅了。」

服從最善的輿論而曾經充分考慮過的一種新法令，是由一個特別委員會而周密起草的。這個特別委員會包含着亞爾登休太因、薛恩及其他有名的政治家；休太因和哈爾丹柏爾赫等，對於這種政策都曾予以充分的支持和誘導。一八〇七年十月十九日，有名的解放令也頒布了。根據這個法令，由世襲的借地權而占有農業保有地的農奴制度，全國都應一律廢除，農奴所負擔的強制的賤役，也應一律取消；但農奴依於財產所有的效果或由於特別的契約，以自由民資格對其領主所負的某種義務，則在未根據相互的契約賠償以前，仍應當維持原狀。〔註二〕如上所述，普魯士帝國內王領地的農奴制度，通俗的說，在直接由國王手中得來的農業保有地內的農奴制度，已經由佛勒得利克威廉一世廢除了。而在現在，則一八〇七年十月二十八日所發布的內閣的命令，更實行廢除一切領地內的農奴制度，到翌年七月，該領地的借地人，就獲得他們保有地內的財產之完全權利，祇須服從某種課稅之繼續的貢納和勞役。

註一　該規定的文句如次：『自此法令發布之日起，凡世襲的、私有的、及永借的保有一種耕作地之從民及其妻子的從屬關係，都應相互的完全消失。以一八一〇年的馬爾慶祭為期，實行廢除全國的隸屬關係。在一八一〇年的馬爾慶祭以後，就祇有自由人存在。但這些自由人如其自己所理解的，自由人之土地所有或因特種契約而生出來的一切義務是有效的。』在這種法令中立刻可以注意到的，就是沒有使用「農奴」一語。

可以稱為「土地自由買賣令」(Free Trade in land)(這語並不是近代英國語的意義)的同一法令也發布了。在從前，貴族所領祇能由貴族保有，中間階級的人們祇能由國王的特許而獲得，因此，同樣的，農民的土地祇能由農民保有，屬於市民社會的土地。祇能由市民保有，這都是法律上的一種原則。但是這種種原則在現在都廢除了，並且同時還設有一種特別的規則，以防止農民保有地不當的集中或被地主吸收於他的領地。此外禁止屬於一定社會階級的人們從事一定的職業，或禁止他們移往前所不屬的階級之禁制，也都撤廢，而賦與各個人以任意選擇或變更職業或商業的自由。

解放令的規定其後更顯著的擴張。根據一八一一年三月十六日的法令，凡該領土內的佃農之一切課稅及賦役，一概交納一定貨幣以作報酬，而廢除之；同年九月十四日，關於土地貴族領地的農民，又發布了同樣的命令。這最後的命令使農民成爲土地的完全所有者，並且免除了貨幣或實物的一切納付及領主所領地內的一切賦役；而另一方面領主則取得佃農保有地的一部分，——在世襲的借地是三分之一，在一生或數年間的借地是二分之一——以作其所有權的報償，並同時解除了借地人對於扶養或援助而出資的一切法律上的義務。但是應歸還一定部分之保有地者，可以取得地主的同意而代以每年直接納付地租或相當的金額。這種種法令，對於現在普魯士佃農制度的樹立，是有效果的。

註一　關於普魯士這種種改革之充分的記述，及因之而發生的各種方法，若讀故傑・愛斯・西勒氏之完備的休太因的生涯一書，就可以明白了。

普魯士這種法制，不僅是對於外國的壓迫而喚醒了最重要的國民團結及同胞心的熱忱，且又供給各小團以改革的先例，尤其是在和平恢復以後，對於德意志一時猖獗的對抗之「法蘭西主義」之十字軍，竟能防止其引導農民解放問題的政策陷於逆境，是非常重要的。

奧大利

奧大利農奴解放的最初運動，是由瑪麗亞·脫勒薩實行的。她的政策的特徵，除一般博愛心的影響外，她想從農民方面獲得大量戰費的相當資助，她由於此種見地，便知道了改善農民物質狀態的重要性。但她也發現了對她努力前進的一種障礙，這就是貴族了；當三十年戰爭以後貴族已非常貧困。並且在她主政的初期，有些貴族曾貢獻她有價值的服役，所以她和這些貴族必須要維持一種親密的關係。然而她畢竟能夠以思慮精密的一貫政策，戰勝了這種困難。她曾限制領主用酷虐的方法對待農奴的刑事裁判權。她又以財政上的必要爲理由而設立一種原則，就是農民的保有地決不能爲領主的所有地所吸收。她又在薄希米亞、莫拉維亞、及其他各州中的某地，將農民一定期間的借地權依照新近調查所定的地價，將領主所有的權能賦與於借地人，以變更世襲的借地權，並使這一切契約都要服從其領土內所設置的集團長官的監督。這種購買的計劃已經成功，並且是大部分實現了。但是，有效減輕農民雙肩上所負義務即個人賦役，則在她主政的晚年。這種賦役的程度是不定的，每年農業勞働，都是從農民徵收，甚且占了一星期中最大部分或全部分。一七七一年，她為了調查這種惡弊，曾任命一委員會，而用兩種方法以矯正之，——其一為依於任意契約的手續而實行的免除，但此方法使當事者一致陷於困難，遂失敗了；其二是最獲得效果的。依於法令的方法，這種法令是以「賦役令」著稱的，這法令規定了領主在某州以內所能徵發的最大的勞働量，(每週三日)並規定免除這種勞働所需要的價格。但薄希米亞的農民因為誤解了這種法令的性質，對其效果所期待者過大，遂拒絕供給其所約定的賦役，其結果，引起了以軍隊而鎮壓的暴動。然而女王對於這個問題，並不放棄其進步的政策，她自己首先以相當數額的稅金，代替了她自己在薄希米亞領地內一切個人賦役，並廢除了貴族領內沒有合法根據的許多封建的義務。

她的努力在匈牙利曾遭逢堅決的反對。匈牙利農奴所受領主的壓迫，恐怕比其他任何國家都要殘酷些苦痛些。當她在初期的危機的時候，因爲受了他們的王室及武士的支持，該地方的貴族對她很有恩義，所以她的改革政策的實行，與其說是強制他們，不如說是勸導他們。然而他們却用不正當的策略，打消了她的希望。就是農民方面，因爲沒有經驗過他們在新政策的地位究竟是怎樣的改善，也反對「賦役令」的施行，這種無理智的頑固，遂使瑪麗亞·脫勒薩想起了在他們的各村落內，設立初等學校（一七三〇年）一事。

她的皇子（嗣王）關於同一政策的進展，更不得不與更頑强的反對勢力奮鬬。他最初（一七八一年）在薄希米亞、莫拉維亞、及西勒吉亞，後又在農奴制度還依然存在的帝國內的各州，先後企圖廢除農奴制度，而代之以含有一定的納付和勞働義務之一種較爲緩和的形態的從屬關係，但都失敗了。屢次使約瑟夫二世的慈善事業歸於失敗的倉惶，及精密的注意之缺乏，在這兒也一樣把他的良善目的破壞了。他又沒有能夠使他的政策發生效果之忠義的、進步的家臣，他沒有辦法了。於是馬加爾族的貴族就達到了挫折他的目的，他在一七九〇年卽將死之前，除了信仰自由令和農奴廢除令以外，不得不將他所希望實行的一切改革放棄了。他的兄弟黎奧波爾多二世繼他之後，竟又將農奴廢除令取消，而不得不祇以維持「賦役令」爲滿足。對於王室這種企圖之同樣的反對，在該國其他地方——例如上部及下部奧大利——也發生了；在這些地方，黎奧波爾多竟被迫將約瑟夫法令中最重要的法令——因爲本來的農奴制度已早不存在，所以這種法令乃是必須救助農民以反對領主之暴虐的搾取的一種法令——都廢除了。約瑟夫的政策祇在最近成爲該國領土的加里西亞和羅得麥里亞兩地還維持着；在這兩個地方，農民與貴族無論在何種鬬爭上，因爲波蘭選舉王太微弱了，所以農民對於一切貴族的壓制，都陷於無保護的狀態。〔註一〕這種種改革中，有農奴制度的廢除（一七八二年）和使農民所負的無限制的賦役成爲一定分量的限制之兩種。黎奧波爾多及繼他之後的法蘭西斯二世，對於波蘭貴族想恢復以前狀態的企圖，都曾猛烈反對；而法蘭西斯二世當波蘭第三次瓜分（一七九五年），該地域落在他勢力之下的時候，他就將同樣的改革在西加里西亞實行了。

註一　休太尼維斯•勒斯霞斯王在十六世紀中葉，關於波蘭的農民狀態，曾敍述如次：『在波蘭這個地方，人民是在一種很顯著的屈辱狀態，……他們和我們爲耕種土地而飼育的牛馬幾乎沒有差別。……往往由於無廉恥的買賣而同樣的被賣於別個殘酷的主人……我對於殺了農民的紳士僅課以十五法郎的罰金之法律，想起來眞不得不戰慄了！……賤民在波蘭的一切人格權是都被剝奪了……他們是在可怖的束縛之下……領主動不動就將其從人無正當理由的，或更常常的既不付之裁判，又不履行正當的手續而處以死刑。』La Vaix li du citoyen, 1753 以 Le Peuple 標題的全章是值得熟讀的。並且本書是以正當的批評和高尙的感情爲特徵。

自前世紀的末葉到一八四八年多事的時代，奧大利的解放事業幾乎都不曾有什麼進步。但在事實上，農業借地人在人格方面却已經是自由的，在某一地域內也有土地的所有者了。然而該國的大部分，還是有若干農民服從着橫暴的課賦。薄希米亞、莫拉維亞、及加里西亞的農民，是不許成爲土地的所有者的。在匈牙利及達郎西爾瓦尼亞等地，領主竟以裁判官的資格，將法律上領主所早已不得行使的肉體刑，向他們宣告了。此外成爲一種義務而懸於他們肩上的課稅和賦役，卽在領主很高興的表示同意，而借地人也有這種方便的時候，法律上還是不得免除的。在後者的各州上，農民的動產祇能移轉於子女；若沒有子女，則不得遺留三分之二以上於其孫；若沒有孫兒，而又沒有何種遺言的時候，則一切就都爲領主所有。

勞役義務是由約瑟夫二世規定了的，但卽在遵守法律的地方，還是不當的過高，一週間總有二日或三日的時間，要消費於領主的工作上。貴族階級中較進步的人，雖很獎勵這種賦役的免除，但幾乎找不出贊成其提議的人來。一八四八年的革命運動，遂強制的解決了這種問題。同年九月七日維也納帝國議會所通過的一種法律，廢除了農民世襲的從屬和束縛於國家土地的束縛。這種立法雖在革命失敗之後、雖在反動精神得勢的當時，也並沒有受什麽妨害。這種種改革及世襲的支配權之廢除，在土地已成爲耕作者的財產之匈牙利、達郞西爾瓦尼亞、及其他鄰接各地，也都和奧大利本國一樣的完成了。然而對於以前所有者的補償，却經過了許多歲月纔完全辦好；並且在某一地方，必要的資金是從稅金準備出來的，在其他地方，則又以公共委員所定的條件而強迫實行免除。這種改革雖遲遲的纔有效果，但却有始有終，並且在可能的範圍內，也將有關係當事者的損失縮小了。

小德意志諸國

小德意志諸國關於農奴制度的廢除及爲實現這種目的所採取的方策，其進步的程度是多式多樣的。這些小國在法國革命勃發以前，曾有許多國王企圖努力改善土地耕作的地位，其中可以特別舉出一位有名的人來，那就是重農主義者巴丹的卡爾·佛利得利赫。在該王的領土內，農民很久就在特別和緩的從屬關係之下，他們最苛刻的負擔是隨着時間的經過而默示的成了廢物。一時和法國相結合的各國，其農民及土地的解放，如我們所知道的，是已經完成了；在加入萊因同盟的各國方面，那祇不過是部分的成功而已。有二三個國家之中央政府和貴族階級的鬬爭，却反有利於農民，例如在巴費里亞、凡爾登伯爾赫、及巴丹等地。

最大的妨害是在哈諾費黑遜公國、及麥克蘭柏爾克兩地發生的。在最後所舉的國家內，其農民的狀態在長期間內是特別可憫。這個地方，曾因三十年的戰爭，及戰爭以後更進一層的貴族壓制，而感受極殘酷的痛苦。休太因在一八〇二年的那一年，曾使用那令我們回想阿薩・印古對法國那種苛刻或輕忽的貴族所用的憤激的語句，而極力非難地主對佃農的行動。並且，【註一】就是在一八一〇年農奴制度廢除之後，該國田園地方住民的狀態，依然是悲慘的，一直繼續到同世紀的中葉為止。在哈諾費赫遜公國和薩克索尼王國內，還殘存着個人的奴隸制度，因一八三〇年的法國革命，纔給與了她一種強有力的刺戟，纔廢除了那種殘存的制度，一八四八年的民衆運動，其主要效果，就是對於那種原則上已認為非是而必須免除的農民負擔，為使之發生實際的效果起見，而使那種過於遲緩的金融組織加速的完成了。

註一　其大部分都是成了牧場及休閑地的大曠野，恐怕是祇有僅少的居民，在農奴制度壓迫之下的全勞動階級，密接於單獨的農場而不大耕種的曠野——一言以蔽之：「單調、死氣沉沉、生活和活動的缺乏，實遮蔽了全地域，這種種都很厲害的壓迫了我的感覺，而使我昏迷了。他們的狀態改善了麼，隨意移轉自己農民之麥克倫布爾赫的貴族，其住宅周圍的物件都荒蕪盡了，我感到那好像野獸的巢窟居在墓塚的沉默中一樣。」

在從「西勒的休太因」傳上所取出來的休太因自己的評論譯文上，所謂「隨便移轉」一語，乃是代替「抑壓」一語而用的，前者是當作對地主的借地行爲的熟語而用的（原書所謂）"Legen"一種動詞的意義。

第六章　非洲的奴隸貿易及黑奴制度

由上所述，一切奴隸形態，或由於直接的法制，或由於漸次的衰頹，在西歐各國都已經完全消滅了，但在另一方面，則於奴隸形態有其根源的各階級，其確定地位之決定，尚有待於其所要求的困難問題之解決，此種解決尚留待後世。然而農奴制度在最進步的各社會內消滅了以後，不久又發現了殖民地奴隸制度的新制度。這種制度既不是由於社會的必要而自然發生的，也不是適應人類進化過程上一時的要求而出現的，毋甯說是政治及道德的非常變態的東西，除掉罪惡以外，並不曾產生出任何結果。

一四四二年，葡萄牙人隨亨利(Henry)航海親王探尋非洲大西洋沿岸的時候，他的部下有名安太姆寬斯爾夫斯(Antam Gonslves)者，曾捕來幾個摩爾人(Moors)，他因爲受了王的命令，遂將他們送回非洲。他依於一種交換的關係，從摩爾人手中得到了十名黑奴和一些砂金。這件事遂刺戟葡萄牙人的貪慾心，引起許多商船向非洲航行，在其海岸築起幾個要塞。許多黑人部從這些葡萄牙人的殖民地帶到西班牙去了，於是植民的奴隸貿易，就以親輸送黑人的子孫於新發見的西半球的形式而開始出現了。當奧凡多（Ovando）於一五〇二年受任爲希斯巴尼奧拉總督的時候，制定了紙上空文的各種條例，雖說是以保護該島的土人爲目的，却准許將出生於西維勒（Seville）及其他西班牙各地且曾受基督教教育之黑奴帶到殖民地去。當時有許多黑人曾住居於希斯巴尼奧拉，這件事可以從一五〇三年奧凡多的書信上窺察出來，在這兒表示希望不要再准許帶黑奴來了。在一五一〇年及其後的數年間，斐爾的南得（Ferdinand）王，爲要使用許多非洲土人在鑛山勞働，曾命令將他們派遣到殖民地去。稍在這個時候以前，哥倫布曾申請將西班牙的商人所應供給於希斯巴尼奧拉的家畜，和他所捕獲的喀利布（Carib）的奴隸交換。若依然照他的主張，則異教徒就可以如此而改宗，王庫就可以由課於奴隸的役務而富裕，而農民地又可以不需費用而獲得家畜。他在事實上曾於一四九四年，豫備將和酋長戰爭而獲得的五百名以上的土人俘虜，當做奴隸在西維勒出賣，而使之乘安脫尼屋·脫爾勒斯船輸送到故國去。然而伊薩伯拉（Isabella）女王發布了准其買賣的勅令之後，知道了土人的性質是溫和從順而感到興趣，遂致書於美洲土人問題管理者豐塞加（Fonseca）僧正，叫他在土人成爲俘虜的原因及其買賣的合法性未明白瞭解以前，應命令中止該項勅令的實行。神學者關於後者的這種問題雖有所爭論，但結局，伊薩伯拉女王還是命令將這些美洲土人送回其故鄉，並應採用寬大的政策以代替嚴重的政策。就是當時卓越的人們，也是超越了當時的偏見纔消滅了一切難點，並且這種行動，確實將美洲發見者之赫赫大名上的一種汚點除去了。

有名的齊亞巴(Chiapa)的僧正巴托羅麥·得·拉·加薩斯（Botolome de Las Casas）和奧凡多同到希斯巴尼奧拉去的時候，曾目擊美洲土人在他支配之下所受的殘暴的痛苦。他遂於一五一七年爲了替土人求有利的法令而囘到西班牙，獻策於查理士（Charles），請他限制住在希斯巴尼奧拉的西班牙人，每人祇應有輸入十二名黑人奴隸的特權。拉·加薩斯在他所著印度史（"Historia de las Indias" Lib. iii. Cap. 101）上，曾明白自認他所陷入的重大過失。『他起初因爲沒有攷慮到葡萄牙人將他們捕來做奴隸是不正當的，所以曾主張應賦與以帶黑奴這些島上的特權，但他一覺到事實的本質以後，就沒有給與任何勸助了。他常有一種見解，以爲他們是不正當而且專斷的成了奴隸，所以對美洲奴隸也適用了同樣的理由。』差不多在同一時期，雖也出現了其他良善的人們，實行了和他相同的獻策，但已如前述，其實行並不完全是新的。實際上那個時候還住在菲蘭得爾（Flanders）的一幼王，在一五一六年就賦與其廷臣以輸入黑奴於殖民地的特權了，但是加斯迪爾(Castile)的攝政吉門斯(Jimens)氏，又在同年以一種法令將其實行禁止。拉·加薩斯的獻策，無疑是以黑人比美洲土人更能堪於鑛山勞働爲根據的，而這種鑛山勞働曾急速的使許多美洲土人死滅了。〔註二〕他有時候在這種見地之下免去了一切的非難，但已如前述，他並沒有爲自己辯護；他曾鄭重的說過，他爲新世界的土人所表示的熱誠和忍耐雖值得稱讚，但對於道德上各種原則之違背或忽視，却不能免去後人應有的責難。他的獻策不幸竟被採用了。羅伯爾遜（Robestson）說：『查理士曾給與了包含一種獨占權的特許於菲蘭得爾的一個寵臣，』這種特許就是可以年年供給四千名黑人到希斯巴尼奧拉、古巴、牙買加、及波爾多利等地。『該寵臣曾將其特許權以二五、〇〇〇得格脫賣給熱拿亞（Genoa）商人』，這些商人從葡萄牙人之手收受奴隸，於是『其後經營到一種可驚的程度之非洲和美洲間可咀咒的買賣』，就開始組織化了，換言之，就是西班牙人的行動，『已爲在新世界氣候較温暖的地方獲得了土地的全歐洲國民所模倣了』。

註一　如羅伯爾遜所說，西班牙人在次於西印度諸島發見的十五年間，已將希斯巴尼奧拉的土人人口，從百萬減到祇有六萬了。

註二　History of America, bk iii 及 Historical Disquisition Concerning Ancient India, Sect. iv. 6.

從事於這種可厭的貿易之最初的英國人，乃是卡普登・約翰・何京斯（Captain Jhon Hawkins）他後來被任命爲海軍會計官而列入於封爵。他乃是伊利沙白時代英國最普通的典型的一人，他勇敢而精強，富於狹隘的愛國心，並且豪放而狂暴的一人。如哈克來脫所說：

『他聽說黑人乃是希斯巴尼奧拉最好的商品，並且這種商品在幾內亞（Guinea）海岸是很容易獲得的，所以他自己也就決心一試。』他於一五六二年向着雪需・勒奥納揚帆了，『他在那個地方暫停一下，一部分是用劍，一部分是用其他的手段，在那個地方除獲得了其他各種商品以外，至少還獲得了三百名的黑人，』這些黑人又都是在希斯巴尼奥拉有利的賣却了。翌年，他得羅巴脫・達多勃（後爲來塞斯托公）、柏姆布羅克公及其他的援助，又乘船五隻——在這些船中，有三組以上的船員在各種不同的支配之下——出發了。當他開始這種行動的時候，若用布來安・愛德華士的話說來，則他雖已在演一種「竊賊及殺人者」的職務，但却爲指導其部下而作成幾條行動的原則，最初的二項是：「每日供奉神明」和「互相親愛」。他停泊於喀布・威爾得，他知道這個地方的土人是「有穩和柔順的性質」，「因日日和法國人交易，比其他任何土人都要文明」的事實，遂企圖誘拐多人，但沒有達到目的。他於是遠向着里奥・古蘭得的南方進行，「每日上陸焚燒街市並強奪」，運去了許多土人。這種兇行的實行者是很爲一般民衆及朝廷所歡迎的。（但伊利沙白的良心，據說起初曾反對他的行動）他爲他自己及其子孫得了徽章和頭飾等件，其中有一種是表示「他已使不正當的貿易在英國普遍化了的一個象徵」，其象徵是「被捕爲俘虜，照色描寫的一個半摩爾人」。

英國的奴隸貿易業者，起初專從事供給於殖民地。事實上在伊利沙白主政時期，英國的殖民地在美洲並沒有確定的設立。但在一六〇六年，詹姆士一世頒發兩個公司的特許證，這兩個公司經過了許多盛衰之後，就將凡吉尼亞、新英國各殖民地在永久的基礎之上建設成功了。其中前者大部分從事於煙草的栽培，而一六二〇年，由幾內亞海岸來的一隻荷蘭船訪問其首府詹姆斯頓（Jamestown）的時候，又將其所搭載的黑人一部分賣給於煙草栽培業者。這乃是英領美洲的奴隸制度的嚆矢，黑奴的數量其後更因輸入——起初當然是徐徐的——而不絕的增加，農業勞働就益形移到奴隸之手；於是在一七九〇年，只不過所謂原始殖民他（Originel colony）一小部分凡吉尼亞州，竟包有二〇〇、〇〇〇的黑奴了。

英國對美洲的貿易雖久在特許公司之手，但威廉及瑪麗主政最初一年的一種法令就把牠開放於一切臣民之間了。雖然這樣說，但美洲公司還是依然存在的，且常常得到國會的大大讓步。依照烏脫雷赫脫（Utrocht）條約，將阿與托（Assiento）契約，【註一】卽年年將由荷蘭移到法國之四、八〇〇名的黑奴供給於西班牙各殖民地的條約，讓給英國，而一英國公司就應從一七一三年五月一日起，獲得三十年間的獨占權。然而該項契約，一方面既引起英國商人的反對，他方面又引起西班牙官吏很大的抱不平，於是斐立普（Philip）五世遂表明廢除該契約的決心，而羅巴脫華鮑爾（Sir Robert Walrole）因輿論所趨，遂不得不和西班牙開起戰端，到一七三九纔告終結。從一六八〇年到一七〇〇年的當中，約有一四〇、〇〇〇名黑奴由非洲公司之手，一六〇、〇〇〇餘名由私企業家之手，總計其輸出有三〇〇、〇〇〇名的黑奴。從一七〇〇年到一七八六末年的期中，一六五五年以來成爲英領的牙買加一地，竟運來一一〇、〇〇〇名之多。柏來安·愛德華士（Bryan Edwards）【註二】計算，從一六八〇年到一七八六年，美洲及西印度諸島之一切英領殖民地的總輸入數，是二、一三〇、〇〇〇名；因之，每年的平均數是二〇、〇九五名。但他承認這種數目比他那個時代所一般想像的還要少得多。英國的奴隸貿易在美洲獨立戰爭以前，曾達到其最高點。這種貿易當時主要是從利物浦輸出的，但也從倫敦、勃列斯得爾、及蘭加斯脫爾等處輸出；

搭載奴隸的船舶由以上各港出發的總數，共有百九十二隻，是準備輸送四七、一四六名奴隸的設備。戰時中其數量雖然減少了，但戰爭終結之後，貿易就立即復活。

註一　西班牙人因法王亞力山大四世的區劃令（一四九三年），禁止他們在亞索耳的西百哩之子午線的東方獲得土地，是被禁止定住於非洲東海岸的，所以他們祇能由爲這種目的而結有取引關係的他國的中介，纔能夠供給奴隸於西班牙領的美洲殖民地。

註二　History of the West Indies, book iv, Chap. 4.

在愛德華士着手著述的時候（一七九一年），非洲海岸的歐人在外商館的數目，其總數是四十個，其中十四個是英國的，三個是法國的，十五個是荷蘭的，四個是葡萄牙的，四個是丹麥的。由歐洲各國從事該業的貿易業者之手，關於一七九〇年間每年從該大陸所輸出的數目，其最正確的概算，可以由下面的說明得來，即：『由英國人之手爲三八、〇〇〇名，由法國人之手爲二〇、〇〇〇名，由荷蘭人之手爲四、〇〇〇名，由丹麥人之手爲二、〇〇〇名，由葡萄牙人之手爲一〇、〇〇〇名，合計爲七四、〇〇〇名。』這樣看來，貿易的一半以上是在英國人手中。羅伯悅遜說：『在現在，西印度各島的美國及法國的殖民地的黑奴，已超過百萬之數了，因爲知道奴役的設定無論在古代在近代，於人口上是很大的不利，所以爲要保持這種數目，每年就至少有輸入五八、〇〇〇名的必要。』這也是在一七九一年寫的。西班牙領及北美洲的奴隸，他以爲大概是達到百萬了。〔註一〕

註1 Ancient India, Sect iv. 6

爲適應該大陸中部各州的需要，爲滿足北美洲、土耳其、及其他回教各國市場的要求，曾在非洲實行的那種使人類成爲奴隸的人類獵取及誘拐人口的行爲，遂大受歐洲各國殖民地的需要所刺戟。土番的酋長也從事擄掠，有時候竟拿捕他自己的部下，當作奴隸以與西歐的商品交換。他常常夜中在部落內放火，而捕捉希圖逃出的部落民。於是一切使非洲蠻地震動的事實，遂由外國的刺戟而益發增大、益發加強了。像這樣所產生的種種慘案，以及俘虜帶到海岸所受的種種痛苦，可以用航海中的慘狀來代表。天下最不幸的事情，可以說決沒有再勝過被禁閉於奴隸船中一小室的那樣不幸了！威廉·多爾賓告訴我們：『黑人的手足都互相的縛住了，那裏面竟擁擠到那種程度，致使各人不得占有呎半以上的面積！這樣一來，就恰和盤裏的青魚擠到一處的一樣，所以他們是和腐敗、及致命的疾病接近着，因之早晨爲檢閱他們而來的人，常常從他們中間將死了的奴隸拉出去，而必須從和死者相縛的不幸的同伴身邊，將死體解將開來。』受僱於這種搬運的船夫，有許多就這樣的以感染傳染病而死亡了。因爲這種原因，及基於奴隸船長的殘忍性，一年間從事這種貿易所死亡的船員人類，比英國兩年間死於其他各種貿易的全部人類還要多些。除去船到離開非洲的時候所死亡的奴隸外，百分之十二又半是在西印度諸島的航行中喪失了，在牙買加這個地方，有百分之五在停泊中或賣却前死亡了，三分之一以上是害「乾燥病」死了。所以從非洲所運出來的黑奴，每百人中總有十七名約在九週間內死了，剩下的而能在島上勉強勞動的，不出五十名。他們此後在殖民地的生活狀態，是不適於數量的增加。在牙買加這個地方，一六九〇年有四〇、〇〇〇名，從這一年到一八二〇年，輸入了八〇〇、〇〇〇名，然而在這一八二〇年內，該島祇住有三四〇、〇〇〇名。妨礙人口自然增殖的一種原因，乃是男女人數的不均衡；祇牙買加一地，在一七八九年，男性就超過了三〇、〇〇〇名。

第七章　殖民地奴隸貿易的廢除

英國

在奴隸貿易的本質，初爲一般人所理解的時候，卽從第十七世紀的後半期起，英國最良善的人們，可以鄭重的說，都是反對奴隸制度的。公然非難奴隸制度的人們中，——他們除因此有名而記錄於克拉克遜（Clarkson）的記述以外，其他在今日幾乎連名字都不知道的人們，另作別論——有：巴克斯脫（Baxter）、李嘉得·司蒂爾（Sir Richard Steele）、濮伯（Pope）、湯姆孫（Thomson）、盛斯頓(Shenstone)、戴逸（Dyer）、薩費給（Savage）、柯伯(Cowper)、湯姆斯·得(Thomas Day, "Sandford and Merton"的著者）、司膠恩(Sterne)、華伯頓（Warburton）、哈其遜（Hatcheson）、柏亞太(Beattie)、約翰·威斯雷（Jhon Wesley)、輝脫非爾德 (Whitfield)、亞丹斯密 (Adam Smith)、米拉 (Millar) 羅伯脫遜(Robertson)、約翰遜 (Dr. Jhonson)、巴波爾得夫人巴雷 (Paley)、古勒哥利(Gregory)、基伯脫・威克費爾得 (Gibert Wakefield)、包脫斯僧正 (Bishop Porteus)、登・脫克兌 (Dean Tucter)等。

因當時最高法官和副法官約克(Yorke)及他爾波脫 (Talhot) 於一七二九年所下的一種判決，而起了關於英國及愛爾蘭奴隸制度之法的存在問題；該判決曾發生一種效果，就是奴隸不得因他們由西印度來至本國而成自由，並且必須由其主人送回殖民地。裁判長賀爾脫 (Holt) 表明了與此反對的意見，於是問題就在黑人蘇墨塞脫 (Somerst) 一案，由古蘭維爾・夏普解決了。奴隸之雙足一經踏入英本國地界的時候，他就成了自由，這是一七七二年六月二十二日，由曼斯費爾 (Lord Manesfield) 用全體裁判官的名義決定的。所謂『奴隸貿易是違反神的立法和人類的權利』這種提議，雖於一七七六年，由Observations on Man 的著者之子德維得・哈脫雷(David Hartley) 在下議院提出了，但這種提議——關於這種問題的最初提議——並沒有成功，因爲關於這種問題的輿論還沒有十分成熟。

英國最初因反對奴隸貿易而發起團體的實際運動者，乃是久爲其教祖喬治·福克斯（George Fox）【註一】所表明的人道觀念所刺戟的圭克教徒(Quakers)。一七二七年，他們曾宣稱奴隸貿易『固不應讚揚，也是不應准許的』。一七六一年，他們將參與奴隸貿易的人，悉排除於團體之外，而將反對該制度的檄文散布於同志及一般公衆之間。一七八三年，他們設立了一個協會，『以期救濟並解放西印度諸島的黑奴，並阻止非洲海岸的奴隸貿易。』這乃是爲了反對奴隸貿在英國最初設立的協會。非洲圭克教徒關於該問題的運動，比英國開始得更早。賓西爾瓦尼州(Pensylvania)的圭克教徒，於一六九六年曾在他們的同派中間，宣傳應當反對奴隸貿易。一七五四年，他們向其同胞發表一種强硬的諍言，表示無論用何種方法助長奴隸貿易，都要反對。一七七六年，凡不肯解放其所有奴隸的人，更爲其同輩所排斥。圭克教徒中最爲士人熱心，不屈不撓而爲士人活動的人物，乃是約翰·烏爾曼(Jhon Woolman)安梭尼·彭翟脫（Anthony Benezet)兩人；後者乃是因南脫(Nants)勅令的廢除而被母國放逐之法人游格諾(Huguenot)的兒子。前者的努力，主要的是限於非洲的內部，而且事實上是祇對其同教教徒盡了力；後者則爲該制度的廢除曾致力於世界的宣傳，而吸得相當的功效。一七七四年，詹姆斯・彭伯爾登(James Pemberton)和班家銘・羅雪(Dr. Benjamin Rush)兩人，設立了一賓西爾瓦尼協會；一七八七年(戰後)，在班家銘・佛蘭克林(Benjamin Franklin)的統轄之下，這種協會更在一層廣大的基礎上重建了。其他同樣的各種團體，也差不多是同時陸續的建設於美國各地。

註一　「我曾希望他們對巴伯答士的『朋黨』基於神的恐懼來教育他們，(黑奴們)不問他們是用金錢買來的或是在他們家裏生長的。……我也要求他們使其監視寬大的，公正的處理黑奴，不要以某人曾經用過的，或現在用的那種慘酷的方法來對待他們；並且完了一定年限的奴役之後。應使他們成爲自由。」——畢克勒著喬治・福克斯傳　這種章句是表示福克斯不僅是厭惡奴隸貿易，抑且厭惡奴隸制度全體。

次於這種運動的重要運動在英國發生了。奴隸貿易之有力的反對者劍橋大學副總長柏加得(Dr. Beckard)博士在一七八五年曾以拉丁語作爲懸賞論文的論題，提出了“An liceat invitos in serviutom dare" 的問題。湯姆斯・克拉克遜 (Thomas Clarkson) 曾決心競得此賞。他在該問題的研究途上，讀了安梭尼・彭翟脫的熱拿亞史及其他的各種著述，對於該貿易殘忍非道的性質，遂深起厭惡的感觸；不久，他就下了可貴的決心，願將其一生供獻於奴隸貿易的廢除運動。他得了一等賞的論文，曾由著者自己譯成英文，更於一七八六年加以增訂而用「奴隸制度及人身買賣論」的書名出版了。當其出版的時候，他曾和對該問題已有深切趣味的許多人相識了，這些人中，有古蘭維爾・夏普、威廉・迪爾溫 (William Dillwyn)(生來是美洲人，深知彭翟脫 Benezet) 及詹姆斯・藍綏 (Rev. James Ramsay) 等藍綏，曾任聖基督斐 (St. Christopes) 十九年之久，而為發表「英領殖民地黑奴的待遇及其改變」論文的一人。克拉克遜因該書的普及，更使他和許多有力的人們相接觸，尤其是和威廉・韋伯福斯 (William Wilberforce) 的接觸。韋伯福斯已經自己潛心於這個問題，他曾將克拉克遜在他面前所提出的與問題有關係的資料充分的調查了；他研究的結果，遂決心企圖將這種已發生的運動在議會裏面行動起來。一七八七年五月二十二日，古蘭維爾・夏普的統轄之下，以廢除奴隸貿易爲目的的一種委員會成立了。【註一】這種委員會經過了二十年間活動之後，得了有名的公衆的援助，纔達到其建設的目的；明白說，就是已將英國國民性上的一大汚點除去了，將久禍人類的最大罪惡之一減輕了。而誘起並支持他們努力的主要原動力，無疑義的乃是基督教的原則和觀念。最熱心而且不屈不撓的努力過的，乃是以事實的調查及資料的蒐集，支委員會的形成及請願的處理，公衆的誘導及關於議會討論事件的人們之報告和擁護等等爲目的而結合的人們。元來的同志之外，後來又加上了一些有名的人物，這些人物中，有：約錫·威吉烏得（Josiah Wedgwood）彭納脫·藍登（Bennet Langton）（是約翰遜 Jhonson 博士的友人）及其後的柴家里·馬可雷（Zachary Macauly）、亨利·濮羅韓（Henry Brougham）、詹姆士·史蒂芬（Jamos Stephen）等。

註一　畢脫（Pitt）曾促進韋伯福斯著手於這種問題的處置。自這兩人在賀爾烏得的一老樹之下會談以後，韋伯福斯纔於一七八七年明顯的下了決心，注意該項問題於下議院。Life of Wilberforce I. P. 151

許多請願提出於議會的結果，一七八八年，樞密院內遂有一爲調查奴隸貿易委員會爲國王所任命了。畢脫又提起一種動議，主張下議院的下一次會期上，應早早的研究該問題。韋伯福斯主張設置該項問題的全院委員會的動議，是在一七八九年三月十九日提出的，而這種委員會在同年五月十二日就開始工作。韋伯福斯一場美滿演說之後，就一時將欲使奴隸貿易的廢除成爲將來運動的根據之十二條決議案撤回了。這些問題的討論遂延期到次期會期，從一七九〇年到一七九一年，關於該議案的資料，已調查完備。於是此後應採取禁止輸入奴隸於西印度諸島之英領殖民地法案的動議，就於一七九一年四月十八日提出來了。但這種動議，又不幸因聖多米尼哥(St. Dominigc)、麥地尼克(Martinique)、及英領多米尼加(Dominica)的暴動得了惡評，遂以一六三票對八八票失敗了。但對於防止非洲西海岸地方的殖民，及該地方的奴隸貿易爲目的的一種塞拉雷窩(Siora Leone)公司的設立。却給與了法律上的認可。當時曾期待了那個地方可以爲非洲文化開發的中心地，可是這種期待並沒有完成。韋伯福斯於一七九二年四月二日，復提出廢除奴隸貿易的動議，這種動議被修正爲漸次的廢除，於是限定一七九六年一月一日實行廢除奴隸貿易的議案遂可決了。同一動議提出於上議院的時候，因爲要給該院委員會以資料調查的時間，其討論遂延期到翌年的會期。在其翌年的下議院上，祇應禁止奴隸貿易中的英國商人供給奴隸於他國殖民地的法案，到第三讀會被否決了；這種法案更於一七九四年提出於下議院，在下議院雖已通過，但却又被上議院否決了。

其後亘數年之久，議會中的廢除論者雖有種種努力，但差不多都沒有成功。但到了一八〇六年，古蘭維爾卿和福克斯兩人得了勢力的時候，消滅英國供給奴隸於外國的奴隸貿易，禁止輸入奴隸於英國因戰勝而獲得的殖民地的法案，就都在兩院通過了。同年六月十日，福克斯又提出『以認爲適當的方法，在認爲適當的時期，應採取有效的處置以廢除非洲奴隸貿易』的決議案，並且以大多數通過了。該決議在上議院方面，也告成功。其後兩院又通過一種法案，禁止在該項貿易上使用新造的船舶。最後於一八〇七年，規定廢除該項貿易的法案，又由古蘭維爾提出於上議院，而得到大多數的通過；其後送到下議院，（在下議院是由賀感克 Lord Howick 提出的）經過若干的修正之後，也通過了，遂於三月二十五日得到國王的裁可。於是自一八〇七年七月五日以後，從英國領土內任何港口來的任何船舶，都不得積載奴隸，在一八〇八年三月一日以後，奴隸不得上陸於任何殖民地等等事項，就都由該項法令規定了。

一八〇七年，又設立了一種非洲會館（African Institution），其目的是在監視奴隸貿易業者，並且假若可能，也企圖廢除其他歐洲各國國民的奴隸貿易。這種會館也成了黑人的開發，及普及非洲大陸的農商業知識的一種機關。

對於一八〇七年的法令，常常有人違犯，這是因爲貿易業者知道三回之中，若有一回成功，就足以補償其損失而有餘；換言之，就是該項貿易的莫大利益，做了拿捕的一種保險。像這種狀態，若單以罰金刑來禁止，則奴隸貿易之一定繼續下去，是很顯然的。於是一八一一年，濮羅韓遂提出應以流刑重罪處罰奴隸貿易的法案於議會。數年後雖通過了處以死刑的其他法案，但後來又廢除了。一八一一年的法律纔發生了效果，而使奴隸貿易在英國的領地內告了終結。在麻里求斯島（Mauritius）這個地方，事實上雖還一時的繼續着，但此島乃是一八一〇年從法國讓受的，因爲接近非洲海岸，有避免監視的特殊便宜；然此島也不久就被迫的順從大勢了。

法國

法國的奴隸貿易在廢除之前，曾繼續了許多鬥爭和無秩序的狀態。聖多米尼哥的西部名義上雖然是屬於西班牙的，但實際上是爲法國所公認的所擁護的海賊占領着；一六九七年，遂因里斯維克（Ryswick）和平條約的結果而讓與於法國了。到一七九一年，輸入到此殖民地的奴隸數目極多，該地黑人對白人的比例，竟達到十六對一之比。該年在法領聖多米尼哥這個地方，住有黑人四八〇、〇〇〇名，黑白混血種二四、〇〇〇名，白人祇不過三〇、〇〇〇名。以黑人法（一六八五年路易十四的治下規定的）著稱的關於殖民地奴隸制度的法國法律，在精神上雖然是人道主義的，然其規定却常常的爲殖民業者所忽視了；而他方面就是混血人也都是在很悲慘的狀態之下勞動着，並且是非常的被人蔑視。一七八八年，巴黎設立了黑人愛護協會，這種協會的目的不僅是要廢除奴隸貿易，並且也要廢除奴隸制度。總裁是康多塞脫（Condorcet），〔註一〕會員中有：羅歇福高爾公（Duc de la Rochefoucault）、亞伯·古勒哥爾（Abbe Gregoire）、布里梭（Brissot）、克拉威爾（Claviere）、普勛（Petion）、拉發脫（La Fayette）等；也有熱心的贊同者，如米拉包（Mirabeau）。美國該項運動的大原動力，是基督教的精神；而在法國，乃是和革命運動相結合的人道主義的熱情。

註一　康多塞脫是用"M. Chawartz, Pasteur du Saint Evangile a Bienne"一種假名出版的，他乃是"Reflexions sur l' Eslavage de Negres"的著者。

一七八九年巴黎住着許多黑白混血人，他們乃是為向國民議會要求確認殖民地有色人民的權利，而從聖多米尼哥來的。一七八九年八月的人權宣言，好像是和他們的要求一致；然而一七九〇年三月，議會為聖多米尼哥殖民業者離叛的風聲所威脅，所以在為母國制定的憲法中，竟通過了不預備包含殖民地自治事項的決議，並且附加了一種原因，說明議會對於從事殖民地商業的任何組織，無論直接間接，都沒有使其改變之意的。所以——祇能解作承認奴隸貿易的繼續之一種宣言——當時來到巴黎的混血人的一代表萬森托格（Vincent Oge）知道不能達到自己民族的熱望，遂憤然離去而回到聖多米尼哥；他於一七九〇年十月上陸之後，同時卽致書於殖民地總督，表示一種意見，說當局若不改正其錯誤，則他爲同胞的前途設想，就要實行武裝行動。於是他就和僅少的同志，實際的武裝行動起來；但立卽打敗了。不得已遂遁入於該島內的西班牙領地。他後來被捕，裁判的結果，竟下了用刑車粉碎其身的判決。這種消息一達到巴黎，就發生了對殖民業者的猛烈的反抗氣焰。於是基於亞伯•古勃哥爾的動議，遂於一七九一年五月十五日，由議會議決：『自由民父母所生的法領殖民地的有色居民，都享有法國市民同樣的私權，並且和他人一樣有在地方及殖民地議會被選的資格。』同年八月二十三日，聖多米尼哥的北部地方，黑人的叛亂，立卽就傳播到西方，在西方這個地方，並且是黑人和混血人共同的協力了。叛徒演了許多暴行，他們僅僅用了下等的蠻行以爲報復。法國議會爲這些情形所驚倒，並慮及殖民地的喪失，遂於二月十四日，撤去了前述的五月的決議。這種優柔不斷的態度，遂使該島內各黨派間的融和完全無望。法國所派遣的內國委員和總督互相鬬爭，竟招引黑人的叛軍以援助自己。法蘭梭亞脚的白種居民多被虐殺，街市的大部分都成灰燼。殖民業者乃申請歸順英國而求其援助，英國的一部軍隊遂在該殖民地上陸。但這種軍隊和共和國的軍隊及黑人與混血人的叛軍會戰，是不充分的，所以經過了許多困難，其結果，英軍還是不得不於一七九八年由該島撤退。

因英軍的撤退，同時該島的支配權，遂歸於由非洲民族所產生出來的最高尙的代表者托桑•羅成丘爾(Toussaint L'owerture)之手。於是奴隸制度就消滅了，黑人都成爲受傭的僕婢而收受其收獲物的三分之一以爲報酬，住民都迅速走進文明和安樂的境界。全島都成了法國的土地了；根據巴西爾(Basel)條約，凡屬西班牙的領地完全讓渡了。托桑的希望，是在保持聖多米尼哥的實際獨立，祇承認法國的主權和商業上的獨占權。關於包拿巴脫(Bonaparte)對該島的亂暴的背叛行動及其卓越的首領，此處是不能夠詳述的；〔註一〕最後的結束，就是黑人將爲鎮壓他們而派去的軍隊驅逐於自己的土地之外，制定了曾一再修正的自身憲法的事實。而復興政府之希望領有該島，熱望奴隸制度的再建，甚至爲恢復減少的人口而希望奴隸貿易的復活，都是無疑的。但包拿巴脫在百日之間將奴隸貿易禁止了，可是他想征服聖多米尼哥，即現在用其元來名稱稱呼的海地（Haiti）的住民而使之歸順，也失敗了。波爾彭（Bourbon）朝廷在其勢力再度恢復了的時候，也不能使奴隸貿易復活，於是該島征服的希望遂完全放棄，到了一八二五年，她的獨立就正式的承認了。於是法國遂失去了這種最重要的殖民地的支配權，而這種殖民地曾供給了和西印度各島的生產物相匹敵的大量生產物於法國，但黑人却於非洲大陸之外獲得了空前絕後的唯一的獨立殖民地。

註一　讀者可以想起華士華斯的「人們中最不幸的托桑！」那句高尚的詩句罷。

其他各國

英國廢除奴隸貿易在歐洲各國中並不是最先的，這種光榮要歸於丹麥。丹麥於一七九二年五月十六日曾發布一種勅令，該國領土內的奴隸貿易，應於一八〇二年末以後實行禁止。

美國曾於一七九四年禁止該國國民從事於國外奴隸貿易，現在却更禁止從非洲輸入奴隸於境內了。這種法令雖然是一八〇七年三月二日通過的，但到翌年一月一日還沒有實行。在維也納會議（一八一四年十一月一日開會的）中，曾承認了應盡力從速廢除奴隸貿易的原則，祇是廢除時期的決定，則任各國各別的商議。任何其他國家的國民，將來都不移入奴隸於法國殖民地。一八一九年六月以後，法國國民自身亦應絕對禁止奴隸貿易等項，是在一八一四年五月三十日的英法兩國間的一種協約上約定了。這種廢除時期的延長，乃是基於一種希望，就是假若海地能夠恢復，就可以輸入一種新的商品到該島去。如前所述，包拿巴脫在短期間的復興中，曾廢除了奴隸貿易，而這種廢除，是爲一八一五年十一月二十日第二回巴黎和平會議所確認的；但一直到一八一八年三月，並沒有依照法國的法律而有效的實行。一八一五年一月，葡萄牙的國民被禁止在赤道以北從事奴隸貿易，而此後奴隸貿易不問在什麼地方都是認爲不法的，這種限期，是規定在一八二三年一月二十一的；但其後更延長到一八三六年二月，英國並給葡萄牙以三〇〇、〇〇〇鎊的償金。一八三六年十二月十日，葡萄牙又發布一種勅令，禁止葡萄牙的一切所領地的奴隸輸出。然而這種勅令是常常被人違背了。英國又給西班牙以四〇〇、〇〇〇鎊的債金，而約定了西班牙的奴隸貿易應於一八二〇年宣告終結。荷蘭的奴隸貿易是在一八一四年消滅的，瑞典則廢除於一八一三年。根據一八一四年干德（Ghent）的和平會議，英美兩國曾互相約定了，雙方都負有舉其全力以消滅奴隸貿易的義務。南美各國中的某國，如：拉巴拉他（Laplata）、委納瑞辣（Venezuela）、智利（Chile）等國，都是一到了獨立的時候，就立卽廢除了奴隸貿易。一八三一年以及一八三三年，英國和法國協定，是互有搜索一定範圍內的海上權利，其他各國亦多遵從了這種協定，又依照和美國的阿希巴爾登（Ashburton）的條約，是決定了準備共同支持非洲西海岸的艦隊。根據這種方法，於是奴隸貿易凡在西洋各國的國旗之下所經營的，或為供給其殖民地而經營的，都完全看不見有合法的存在了。

第八章 黑奴制度的廢除

英國

更有根本的改革在以前早已準備，而且早已經在進行之中，這就是歐洲各國海外領地奴隸制度的廢除。英國的奴隸貿易雖已完全終熄，但因為還有其他二三國家的國民繼續着，於是纔明白奴隸貿易的禍害之更深且大。英國巡洋艦活動的結果，奴隸貿易業者每次航海，遂更努力的多多輸送奴隸，並且在拿捕迫切的時候，竟敢十分殘忍非道以處分奴隸。此外在巡洋艦方面，頗有些受那運載奴隸的船舶的價格的分潤，所以釋放奴隸船舶比完全禁止還要多得些利益。比以前要多三倍的黑奴是從非洲輸出的，而其三分之二竟在海上被慘殺了。抑且更明白了英國奴隸貿易的廢除，決不會使西印度黑奴的待遇改善。在這些島上從事於開墾的代理人，和通常不住在其地的僱主，其利害是不同的；僱主們也常常因爲過急於賺錢，或在困難情形的壓迫之下，因爲不能立卽滿足其渴望，而忘却了人道的教訓。奴隸因爲現在杜絕了新來源，所以一被強迫做過度的勞役，其數量遂急激的減少下去。一八〇七年，西印度諸島曾住有八〇〇、〇〇〇奴隸，但在一八三〇年就減到七〇〇、〇〇〇了。於此就更可以明白這種罪惡的根本除絕，是要完全廢去奴隸制度纔能達到目的。同時多年間的英國全社會關於奴隸貿易問題的論爭，對於奴隸貿易所由發生的一切制度的合法性問題，也將人們的良心驚醒了。

一八二二年，韋伯福斯曾勸告湯麥斯·富威爾·拍克斯登（Thomas Fowell Buxton）將這種新問題提到議會裏面去，便成爲議會中的問題。一八二三年，又設立了一種反奴隸制度協會，其主要的會員除韋伯福斯、拍克斯登外，還有柴家里·馮可甯、辣與登博士（Dr. Lushigton）及賽費爾（Lord Suffield）等。拍克斯登於同年五月五日，曾提出一種動議，主張議會應考慮英領殖民地的奴隸制度的狀態。當時他和同志的目的，是在設立類似一種農奴制度的制度，以代替現存的奴隸制度，並且同時通過一種法案，解放他們於一定期間以後所生的全部子女，冀漸漸廢除奴隸制度。康寗格(Canning)反對拍克斯登及其同志的意見，而另提出一種動議，主張由本國政府勸告殖民地議會，對於奴隸的狀態及待遇採取一種較好的改善政策；祇有王領殖民地而自己沒有議會如特立尼達島（Trinidad）者，纔可以實行直接處置；這種動議成功了。其結果，遂提供了各種周到的改善政策於殖民地當局。於是殖民業者對於政府默認反奴隸制度派的主張之反對聲浪，遂激然而起。在達馬拉拉這個地方，因爲當局想使這種勸告的到達不給奴隸知道而失敗了，於是奴隸遂以爲自己是已經解放，其結果，他們就拒絕勞働，因之，強制手段復活了，反抗運動也滋長了。戒嚴令宣布了，騷亂是爲非常嚴酷的方法所鎭壓了；並且因濮羅韓（Brougham）以絕大的能力處理了宣教師斯密斯的處分，而喚醒了英國境內對殖民業者的一種强烈的反感。

但是巴克斯登、威廉•斯密斯、辣興登、濮羅韓、馬根太歇（Mackintosh）、柏脫華士(Butterworth) 丹曼(Denman)等得了翟脫•馬可雷，(Z. Macauley)、詹姆士•史蒂芬及其他的援助，一時爲使他們所期待的方策發生效果起見，在問題已委於議會而中止討論的期間，繼續不絕的奮鬬；可是數年之間，該問題在議會內仍幾乎看不出有何進展。到了一八二八年，殖民地的有色自由民，在法律上纔和一般市民置於平等的立場。到了一八三〇年、這問題在議會內外眞摯的繼續進行討論，乃開始喚起了一種輿論，殖民業者對於使奴隸將來成爲自由一事，並不採取何種積極的態度，是已經明白的了；而該運動之指導者們，也決心盡力從速促進奴隸制度的全廢。政府還依然保持曖昧的態度，繼續的努力於現存制度的緩和。到了一八三三年，古勒公（Eral Grey）內閣就接受了這種問題，並且是幾乎毫無困難的斷行廢除；換言之，該法案已於一八三三年八月七日通過於下議院，同月二十八得到了國王的裁可。下議院議決了以二〇、〇〇〇、〇〇〇眞正的金額，充作對殖民業者的償金。設立了七年間的一種奴隸制度，以爲達到自由的過渡形態。奴隸在此期間中，負有以晝間四分之三的時間爲其主人勞働的義務，他們若不服從這種義務，就要受一種肉體刑。主人須給他們以食物和衣服，以爲報酬。六歲以下的小兒，都立卽成爲自由，並須爲他們準備宗教的及道德的教育。有許多人以爲解放的延期是不智慧的。在安地加(Antigua)這個地方，那時實行解放，一般都是極平靜的過去，並沒有什麽騷擾；一八三三年的聖誕節以後，維持了二十年間的和平，也完全沒有宣布戒嚴令的那一回事。政府方面雖已遭有長時間的熱烈的反對，而下議院則通過一種決議，反對那種過渡的制度之繼續。當這種決議可決的時候，殖民地議會因爲已經知道奴隸早已不願爲主人勞働，所以其結果，乃將已定的徒弟期間縮短二年，到了一八三八年八月，遂一樣的將自由賦與奴隸了。

其他各國

其他歐洲各國都漸漸的仿英國的舊例，而美洲各國，則已採取這種行動。一八四八年的法國臨時政府，曾命令法領殖民地的奴隸即時解放。一八五八年，屬於葡萄牙領的奴隸，曾規定應於此後二十年內一律解放，同時並設有一種保護制度。這種法律到一八七九年四月二十九日纔發生效果，此後全葡萄牙的領地內奴隸制度，都成爲不法的制度了。荷蘭是於一八六三年解放奴隸的。二三西班牙領的美洲各國，當其宣言獨立的時候，就都採取了廢除奴隸制度的法案。墨西哥共和國是於一八二九年九月十五日，用一命令將其廢除的。不宜諾斯愛利斯（Buenos Aires）政府曾規定一八一三年一月三十一日以後奴隸所生的子女，都應成為自由；而在哥倫比亞（Colombia）這個地方，則規定一八二一年七月十六日以後所生的子女，達到十八歲纔可以成為自由。

有一個劃時代的事件，就是主要的由於約翟夫・斯達治、威廉・奧良的努力，一八三九年所設立的以廢除奴隸制度及全世界的奴隸貿易為目的的英國及海外反奴隸制度協會。這協會祇主張專用道德的、宗教的、及和平的手段，以達到其目的；並且這種智慧的政策，曾陸續不斷的得到追隨者。這協會曾將那影響於其追求的大目的之一切事件，毫無遺漏地報告於英國公衆，並一再的由當前問題的特殊的傳道，及給內外政府的勸告，而曾最有效的調停了重要的危機。

還有二個最重要的兩方的奴隸制度殘存着，對於解放方面，並不曾研究過何種有效的政策，那就是南部北美合衆國、古巴和巴西。

北美合衆國

美利堅聯邦有名的教父們，對於奴隸制度在原則上是完全不承認的。華盛頓爲其自己的奴隸的解放，曾費了許多心血，他向着遮佛遜（Jofferson）說：『我自己重要的希望之一，就是在採用某種計劃，以法律廢除本國的奴隸制度；』他更致書於他，表示對本問題必須得到他自己的贊同。約翰·亞丹（Jhon Adams）曾宣揚自己對於奴隸所有是大反對的，並云一切愼重的政策，歸根結蒂須以根本廢絕美國的奴隸制度爲前提。佛蘭克林（Franklin）的意見已經述過了，而馬迪遜（Madison）哈密爾登（Hamilton）及巴脫里克·亨利（Patrick Henry）等，也都擯斥奴隸制度的原則。【註一】遮佛遜關於該制度的存在，曾說：『我每想起神是正義一事，就不得不爲我美國而戰慄了』這最後所舉的政治家，在英軍撤退後最初的殖民地議會上，對於已經由各州委讓於美國，或已經是屬於美國的地方——包含現在騰納西（Tennessee）、亞拉巴麻（Alabama）、密西西皮（Mississippi）各地方政府，曾提出一種法律案，其中一章上規定：『一八〇〇年以後，在上述的任何各州，除對犯罪的刑罰之外，奴隸制度固不待言，非基於本人之意的任何奴役，都不得使之存在。』可是這種原案遺失了。當那個時候，確定憲法的一七八七年之非勒特爾非亞（Philadelphia）會議上，提案者的意思，都是反對奴隸制度的；但南加羅那（Carolina）和喬治亞（Georgia）兩州，則固執以承認奴隸制度爲加入聯邦的條件，逃亡奴隸互相引渡的契約在聯邦同盟的條約上竟具體化了，然而「奴隸」及「奴隸制度」的這種語句，却從憲法上削除了，其「理由」如馬迪遜所說，乃是因爲『他們並不願承認人類爲財產權的目的。』同時，該議會並規定二十年的期間滿了以後，他國的奴隸貿易也應禁止。北部聯邦同盟成立之前後，——始於一七七七年的威門脫州（Vermont），終於一八〇四年的新給爾綏（New Jersey）——各州都廢除奴隸制度，或採取漸次廢除的方案，這是不應忘却的。但（至少）後者變革的主要結果，祇不過是將北部的奴隸輸入於南部市場罷了。

註一　威吉尼亞的喬治・墨宗曾說：「奴隸制度實阻礙技術和產業的發達。貧民蔑視奴隸的勞働。他們妨礙白人的移住……他們使各種習俗上發生最有害的影響。奴隸的任何主人，都生來就是小暴君。他們將神的裁決帶到地上。」（根據威爾遜的"Division and Reunion"P.120所引用。馬迪遜說：精神的虛弱常伴隨那充滿奴隸的國家。遮佛遜曾明白的豫見了將來的到達點。他在「自敍傳」上，對於漸次廢除奴隸制度的前次提議，曾說明如次：「公衆的心在今日也不能對它忍耐了罷。然而對它不得不忍耐，不得不採用它的時候，也就是較大的罪惡到來之日不遠的時候。命運的書中所確實寫明了的，除這些人之應得成爲自由以外，並沒有什麼。」

我們祇能將奴隸制度的主持派長時間的、不斷的，在該聯邦內所發生的勢力之數個階段，簡單加以說明。其後因他們不絕的努力於那種已經構成新奴隸狀態之附加地域加入聯邦，遂使聯邦議會主持奴制的代表更外加多，於是南方的「特別制度」不僅是保持了，並且益發擴張了。魯西安那（Louisiana）卽後來分爲四州——魯西安那、亞干薩斯、密蘇里、干薩斯——這個地方，是在一八〇四年從法國買得的。這種地方的獲得，雖不是爲了奴隸主持派的利益而實行的，但却很有利於其勢力的伸張。奴隸在這些地方已經存在了，而殖民業者更漸漸的使該制度的範圍沿密西西皮河的西岸而蔓延，一八一八年，他們甚至要求把密蘇里化爲一奴隸州而加盟於聯邦。在這個時候，相反的兩主張之間遂起了最初的堅決的鬥爭，並且兩派都痛感到一種重要性，就是這個地方乃是殖民地的中心。經過了長期間的政治鬥爭，該問題遂以將來奴隸制度不得及於北緯三六度三〇分以北爲條件，承認密蘇里爲奴隸州而解決了（一八二〇年）。這勝利雖然是不完全的，但這次重要的勝利之後，奴隸制度主持派方面第二次顯著的伸張，就是得撒（Texas）的併合了。

得撒雖曾屬於一八二四年成立的墨西哥聯邦，但三年後該州就脫離西班牙獨立了。奴隸制度曾存在於得撒，但其憲法却規定漸漸廢除該制度，並禁止奴隸的輸入。南方的指導者曾渴望獲得此地，因爲他們在此地看見了擴張其寶藏的廣大範圍；並且因墨西哥的微弱，又招來了外來的侵略。有許多南方人竟公然違背憲法，帶奴隸移住於得撒。墨西哥大總統桑達·安那，在此險惡的時機，却企圖廢除聯邦制度，而使同盟諸國成爲單一國家的諸州，得撒分離了，墨西哥軍打敗了，而承認有奴隸制度憲法的一個獨立共和國就建設起來。事實上支配這個國家的美洲的殖民者之輩，曾要求該國加入聯盟。爲達到這個目的，曾經過幾次密謀，祕密的商議是由大總統太拉實行的，而以加盟爲有利的一種決議，遂於一八四五年通過於雙方的國會。

繼之又有和墨西哥的戰爭，這種戰爭雖有堂皇的口實解釋作戰的主張，但其眞正的動機，乃是奴隸制度主持派爲自己的利益而渴望領土的擴大。其結果，墨西哥遂拋棄得撒的一切權利，以一定的金額而割讓新墨西哥(New Mexico)和加利佛尼(California)兩地(一八四八年)。於是這個地方的奴隸制度排除問題，遂以堅決的方法而高揚了，這就成了互相鬥爭的兩黨派間的爭點。

一八四六年，已經提出所謂威爾莫脫案，這提案就是主張在從墨西哥獲來的地域內，應規定不得存留一切奴隸制度。但這提案沒有通過。現在在一個新領地奧勒岡(Oregon)州內，奴隸制度却於一八四八年禁止了；但新墨西哥和加利佛尼兩地，則因意見分裂的結果，依舊是無組織的殘存着。新發生的士地自由黨(Free Soil Party)，雖曾否認阻止各州的奴隸制度，却主張在準州(Torritory)地帶應當禁止。恰在這個時候，有許多移民從歐洲流入，他們或停留於北部都市，或突進於西方，遂使反對保有奴隸社會的士地自由黨加上了力量。尤其是到了加利佛尼這個地方，因金鑛發見的結果，就有許多新人口的流入，這些新人口主要是歐人或北方人，因此遂使此州反奴隸制度派的主張占了確定的優勢。

亨利·克勒曾於一八五〇年提出一種妥協案，並且在其提出的那一年就被採用了。這種妥協案的主要特質，就是：承認加利佛尼爲自有憲法之一州，承認新墨西哥、烏臺(Utah)爲有奴隸制度或否的準州，而使其自由決定實施嚴重的逃亡奴隸法，(Fugitive Slave law)及廢除哥倫比亞區的奴隸貿易等。這種妥協案雖自期爲促進和平的一種政策，但究竟是否反急劇引起前後的危機，還是疑問。逃亡奴隸法依其規定之嚴厲，其所適用之情形困難，其要求一切良善的市民加以援助之迫切，以及其所象徵的原則是要聯合全體對該制度之積極的主持，遂使北方民衆的感情激變了。在欲强迫實施該法案的時候，曾屢次發生了亂暴的聲援，北方各州的議會且通過了各種方策，以期妨礙或打消該法案的實行。

奴隸制度主持派其次的運動，乃是一八五四年密蘇里協約的解除。干薩斯和納布拉斯加（Nebraska）之準州組織的問題，依舊沒有解決；而挨斯·逸·左古拉斯表面上則又以一八五〇年的法令所提供的前例爲基礎，提出一種法案，宣稱奴隸制度限於北緯三六度三〇分所定的境界內之一八二〇年的法令是「無效而空虛的法令」。南方派已經將蜜蘇里協約上一時的利益取盡，所以將那種協約放棄乃是上策。而現在已將那種協約完全拋棄了；並且在他們勢力之下的國會又採取了一種行動以爲該協約的代替，這種行動包含以「無特許開墾者自主權」(Squatter Sovereignty)——卽各準州的居民可以自由以他們自己的方法，形成並規定他們的制度，再換一句話說，就是一切準州對於奴隸制度應當開放——著稱的主義的採用。

現在對于薩斯殖民的一種優先權的鬥爭，在南北兩派之間開始了。殖民業者從雙方的區域一羣一羣的流入，採用了互相對立的憲法，於是就成就了事實上的內亂，而引起聯盟軍事勢力之干涉的必要。干薩斯到一八六一年還沒有承認爲一州，那是可以立卽明白的，就是要以排除奴隸制度的憲法加入聯盟。

反對納布拉斯加法案的人們，都一致起來形成了大「共和」黨（Great Republican Party）；此黨主要是由前自由黨黨員組成的，並吸收了土地自由黨及奴隸制度的廢除論者。此黨會宣言不論國會、地方議會、或任何個人團體，都不得『賦與任何地域以奴隸制度的法的存在』，而主張立刻承認干薩斯為一自由州。

奴隸所有者常以他們所着着實行的同一目的，而一意想占領古巴以併合於聯盟；並且這種主張曾為大總統畢亞斯，後又為飄加南所助成。一八五四年美國的三個外交大員會商這個問題，熟議的結果，遂發表了奧斯登得宣言，這宣言表示古巴的獲得是有利益的，假使西班牙不允賣却該島，則美國與其容許其非洲化（Africanizo），就不如以武力奪來。海賊的各種計劃是在中央美洲作成的，那雖然是沒有威權的人們的事務，但却是奴隸所有階級之精神及目的之左證。在某地方還是外國奴隸貿易復興的企圖。

這門爭的種種原因中，最後更附加多勒得・斯可脫事件的判決。斯可脫係一黑奴，他在兵役中爲其主人從蜜蘇里州的家中帶到禁止奴隸制度的伊里諾斯去，後又帶到現當明尼蘇達州這個地方，而明尼蘇達在蜜蘇里協約之下，也是將奴隸制度排除了的。於是他在回到蜜蘇里的歸途上，遂以曾一時住居於自由州及自由準州，故主人對於他的權利已經喪失爲理由，訴求法庭宣告他已經自由。

蜜蘇里的法庭給他以有利的判決，但這種事件最後到了最高聯邦裁判所的時候，斯可脫的要求却被駁斥了（一八五六年），就是決定他不是蜜蘇里的市民，因之沒有向該州法庭訴求的權利。裁判官同時並決定了一般的原則，就是奴隸在憲法上並不是一個人，祇不過是財產，聯邦議會在屬於美國的任何準州上，應負保護那種財產所有者的義務；並且準州在未成爲州而置於聯邦政府直接支配的境外以前，是不能免去這種責任的。這樣一來就是南方派的反對者之一切最正當的主義及政策——卽準州的奴隸制度的排除——也都是違反了美國的憲法。

由以上所述的相繼而來的攻勢，遂漸喚起確信而堅固的反抗決心。較近的廢除運動先驅者，乃是彭家銘・藍兌（Benjamin Landy）（一七八三——一八三九），其次是威廉・羅易・蓋里遜（William Lloyd Garlison）（一八〇五——一八七六），他乃是一八三一年創刊「解放者」新聞的一人。一八三三年「美州反奴隸制度協會」也創設了。這種新聞及協會的計劃在本質上都是一樣的——主張全國都應一律卽時完全廢除奴隸制度。

愛里傑・畢・羅夫驕（Elijah P. Lovojoy）（一八〇二——一八三七），——假使若有殉教者其人，那眞正只有他——溫德爾・斐立普（Wendell Phillips）、查勒斯・塞姆內（Charles Sumner）、約翰・勃郎（Jhon Brown）（生於一八〇〇，縊死於一八五九年）等，都順着各種道程，或爲指導的使徒，或爲正義的伸張者。站在實際政治局外之美國的最有識見的人們，也都常常屬於反奴隸制度的一派。詳言之，就是：威廉・逸・張寧格（Willian E. Channing）、愛麥遜（R. W. Emerson）、詩人拍來安（Bryant）、羅威爾、倫發羅（Longfellow）、尤其是惠地愛（Whitties）及最近的惠脫曼（Whitman）等，對於這個問題都各將其明確的見解敍述了。南方派及北部地方的黨人，都以必死的努力，阻止反奴隸制度派對於這種問題自由發表意見，他們甚至要求聯邦議會不要討論反奴隸制度的請願。廢除論者的各種會合，竟都被暴徒搗亂了。使用奴隸諸州的基督教教會，竟也厚顏的違背其神聖的義務，而將其勢力使用於奴隸制度的維持。宣教師宣揚奴隸制度是聖書上所承認的，他們有時候還獎勵用種種殘忍非道的方法以保護奴隸制度。然而他們雖那樣的努力，而輿論却一步一步的得勢。北部諸州的一般感情，顯著的爲哈利脫·畢乞·斯托（Harriet Beecher Stowe）夫人的"Uncle Tom's Cabin"一書所刺激了；這種書實有如塞尼奥(Seniar)所云，是外裝小說的體裁，實則是反對奴隸制度的一種小論文。這問題的解決必須有待於武力的鬥爭，是漸漸的明瞭了。一八六〇年十一月，經過選舉民大多數主張廢奴者的選舉而當選爲大總統的亞布拉哈姆·林肯（Abraham Lincohn）的就任，就是南方派舉兵的信號。於此實行了確定的任務者，乃是南加羅那（Carolina）州。該州議會召集會議，於一八六〇年十二月，宣揚解散『美國名稱之下該州和其他諸州之間的』聯合，並且成爲一獨立共和國而爲其政府實行了一種必要的準備。繼之，有喬治亞，亞拉巴麻，密西西皮，魯西安那，及得撒等州，都步了南加羅那的後塵。這些脫退的各州形成了一種新聯合，這種聯合在戰爭勃發之後，更由亞下薩斯，北加羅那，維吉尼亞，及騰乃西等州的加盟而擴大了。『同盟各州』制定了臨時憲法，並選舉傑樊遜・德威斯爲第一任大總統。

戰端是以南軍襲擊福特・薩姆太的北軍守備兵開始的；林肯遂立即召集義勇兵應戰，於是南派的勢力就互有消長，而以大的精力，勇氣和捨身，竟開始了亘四年之久的戰爭。鬪爭是於一八六五年四月，因南軍的將軍李，及約翰斯登，各別的降伏於古蘭脫，夏曼而閉幕的。

北方起初祇是爲維持聯盟而武裝起來的，然而眞正的爭點乃是在奴隸制度的存續或全廢，這是有先見之明的人們最初就知道的，而一般民衆不久也就知道了。W.H.休華德於一八五八年曾鄭重說那要起來的衝突，並不是一時的，不必要的，或是人爲的，『乃是兩相對立的勢力間之不可避的鬪爭，——美國將來必然要成爲完全奴隸所有國，或成爲自由勞働國，且都是要這樣做的。』

同年林肯說：『奴隸制度的反對者是要阻止其更進一步的擴張，並使一般的觀念根據一種信念，相信奴隸制度是在最後廢除的途上麼？或是奴隸制度的擁護者更進而促進奴隸制度，使奴隸制度在所有各州，不論新舊，北部南部，都一樣的成了合法的制度麼？』英國一報紙於一八六一年，曾論奴隸制度『不過是美國政界的外部問題』。眞實的事情——乃是南方派始終要求，在戰爭的稍前一時，還曾向北方派要求，要求其參加鞏固並擴張奴隸制度，而共同協力。

北方派的成功是經過了莫大的犧牲之後才獲得的，可是勝利的結果却是可以抵償這種犧牲所包含的血和財的消費。美國的公共生活是從有害的高壓及悖德的源泉解放了，理知的及道德的進步之可能性，是在幾百萬的人類面前展開了，而在我們全人類方面充滿了罪惡的大奴隸帝國的形成，是決定的而且永久的禁止了。歐洲的某某政治家——古勒德斯登氏也是其中之一——完全誤解了這種爭亂的性質。加來爾曾猛烈的反對北方派，其理由乃是因爲他將這種廢除運動解作現代一般民主叛亂的一種，他自身更主張應當毫不猶豫的向着『一切種類的投機者』方面進行。他自身在主張其絕對的重要性上乃是第一人，他當然是要將奴隸制度問題視爲無產階級的全世界的問題之一部分。各國中更膽小的某一部分人，到處都妨礙徹底的最後的繼續鬬爭，而希望一種妥協及聯合在自由制度和奴隸制度之間分開。就是那明顯的北方同情者的政治家如克恩士其人，也在企圖再將聯合造成完全的計劃之前畏縮了。然而美國的人民大衆都更智慧的判斷了。他們祇要雙手一旦拿住了犂鋤，則在其工作沒有徹底的完成以前，是決不回顧的。

一八六二年九月，林肯發表一種宣言，表示發生叛亂的各州若不於百日內降伏，則他就要使那些州內的奴隸成爲自由。因之一八六三年一月一日，他就宣布解放他們。這種行動是他以國民軍司令長官的權能做的，不待說，當時是還沒有得到法律的承認，而有永久的廢除一種制度的效果。但一八六五年南方派敗北之後，就基於各州中之必要的過半數之聯邦議會的發議，採用了憲法修正案，宣稱：『關於此案，該黨派應無遲滯的除對應當判罪的犯罪之處罰外，不論奴隸制度，及非基於自己意思的奴役，凡在服屬美國內或其裁判所的任何處所，都不應使之存在。』一八六八年成爲法律的第二修正案，宣布：凡在美國所生的人民，——因之被解放民及其子孫也包括在內——在聯盟及其他所住的任何各州，都應成爲市民。而第三修正案更確保一切市民的投票權，基於『人種，體色，或以前的奴役狀態』的任何限制都廢除了。

然而美洲的黑人狀態，還是很難於就這樣得到決定的結論。有人主張以相互結婚以期待兩民族的融合，好像是很不可能的。不能消除的體色的特徵，——這樣想——一定是使他們分離，阻止了相當程度的人口融合。白人方面輕視的感情還依然存在，而有和黑人間的嫉妬及不平的感情衝突的危懼；往往勃發的那種慘憺的事件，縱然另作別論，但也不容易相信憲法上有同一政治權利之支配及從屬兩階級，在共同組成的近代共和及產業國家內，可以有永久和平的共存。

奧圭斯脫·康脫在其一八五二年的著述上，曾給了一種暗示，就是在美洲的奴隸制度上指出了『不能善終』【註二】的巨大的社會變則，這種變則的最善的處置方法，乃是被壓迫民族爲其自身利用並開發在海地所創造的特殊中心點。他主張在三世紀之內，不問是舊教徒或新教徒，爲了贖除那曾經玷污了西方各國國民的罪惡，爲了移植的美洲人之已解放的子孫，應當以美洲羣島爲故國，以爲適當的賠償。又有些人以爲美洲乃是被解放的黑人之定命的將來的住所，而且必須經過他們的中介，才能最有效的導該大陸的土着民族於文明。現在一個永久的獨立國之里比利亞的植民地，就是以這種見解而爲美洲植民協會所建設的，並且主張南方各州的許多黑人，在他們先祖所住的土地有『基於無祖國的不穩的感情，這種感情在他們成人以前是決不可以融和的。』爲了他們品格及自由的發達，〔註三〕某種分離的植民地（事實是如遮偉遜（Jefferson）所久已知道的）好像是必要的，但這既不能强勉他們，也是不應强勉的，因之祇要『對他們的勞作報酬』，他們能以誠意接受的時候，就可以解決難問題了。

註一 Politique Positive, Vol. iv. P. 52.

註二 下面所揭的，乃是自身屬於黑色人種，而援助美洲植民地的人物所說的話。

『在美國，自由主義的各種觀念方面雖已都有了大的進步，而黑人還依然是一門外漢。憲法所賦與的各種權利及各種特權，對於他們之私的或社會的厭惡的命運，並沒有給以何種保護。他爲各種繁榮——產業上的，商業上的，政治上的——所圍繞着，但其自身却沒有一分，他自身是被拒絕得這一分的。他是爲社會的體面所愚弄了。在祇爲白色的鄰人和其子女而展開的勇氣和精力上，在尊敬，報酬，及有聲譽的職業上，他們和他們的子女是沒有任何職務的。使歐洲各種要素互相結合的那種高級的進步的親交，雖然是不調和的，但黑人的兒童在未出世的時候就被排除了。——Blyden, Christianity, Islam and the Negro Race, P. 398.

註三 遮佛遜及其友人，當一七七六年及一七七七年改正維吉尼亞的法律的時候，曾提出一種計劃，想由一定期日以後所生的一切人們的解放，及達到一定年齡的人們的追放，而廢除奴隸制度，婦人到十八歲，男子到二十歲，則以公費使之服役於有用的職業，此外更得到『武器，家內用及手工業用的器具，種子，家畜等』的供給，而被遣到當時情形之最適當的場所。美國當時曾『宣揚他們是自由而且是獨立的人民，在他們未得到勢力以前，應給他們以同盟和保護』。並且曾以由外國招進的白人補充他們的地位。他相信『同樣自由的兩個人種是不得住於同一政府之下。一八二〇年他曾明白的說：『這種財產（奴隸）——是這樣的誤稱了——的對議，假使以這種方法就能實行一般的解放及追放，那在我是不值得第二次考慮的些微的事情，我以爲是要漸漸的並且要用相當的注意才能夠辦到的』。

古巴島

一七八九年所發布的西班牙奴隸法，有如一般人之所認識，在其本質上是非常人道的，因爲這個原故，所以特立尼達島（Trinidad）成了英國的領地之後，反奴隸制度派就反對植民業者企圖以英國法代替該島的西班牙法，（一八一一年）——並且成功了。但該法雖然是如此人道的，而其規定却常常被西班牙的植民地違反了，關於古巴島的情形有直接知識的阿爾·阿爾·馬頓博士，於一八四〇年甚至揚言說：『古巴島的奴隸制度，在人類生活方面，在社會方面，都比全世界的其他任何國家還要有毒些，有害些，該制度是使奴隸和主人都更要墮落，在健康和幸福方面是更加破壞的！』克恩士於一八六二年說：『……我們從奴隸階級所看見的，奴隸因最粗惡的食物，最殘酷的無限制的勞働，過勞和不充分的睡眠、休息，及頻繁的拷問，竟使人口年年都有一定部分的絕對的破壞的，那就是近來的古巴島！」他計算該島的奴隸人口，一七九二年爲八四、〇〇〇，一八一七年爲一七九、〇〇〇，一八二七年爲二八六、〇〇〇，一八四三年爲四三六、〇〇〇。

一八七〇年，西班牙議會曾通過一種法案，規定當時已經過了六十歲的奴隸，或其後過了六十歲的，都立卽成爲自由，並且其後所生的奴隸的子女，都應一律成爲自由。但是後者他們在十八歲以前，是以所有主的費用養育的，所以在這個期間中，應作一種徒弟而從事於與其年齡相適的工作，以爲養育費的代價。這種法律因爲是當時植民地大員塞諾爾·莫勒脫·濮倫得爾格斯脫（Senor Mcrety Prendergast）提出議會的，所以是以莫勒脫法著稱。若依照一八六七年的調查，當時古巴島的全人口是一、三七〇、二一一，其中七六四、七五〇是白人，六〇五、四一六是黑人或其他有色人。而後者的數目中，又有二二五、九三八是自由民，三七九、五二三是奴隸。一八七三年，古巴島的總人口大概看來，共有一、五〇〇、〇〇〇名，其中約有五〇〇、〇〇〇名，卽三分之一是奴隸。

當時該島的總督克羅氏（Mr Crowo），曾於一八八五年宣稱：「該制度是迅速地趨於滅亡的，——在一年的光景，或最多是兩年，奴隸制即在其已經緩和的形勢上，也是要終熄了罷。」

這種豫言很迅速的證實了。植民業者從一八六八年到一八七八年，因該島的繼續暴動，而深深的感受了亘數個季節之久的砂糖跌價和重稅的痛苦。他們有許多人竟不能支付每月三元的工資，而這種工資乃是法律爲被解放民所規定的必要工資，所以爲要補充這種被解放民的缺乏，於是奴隸就立即解放了。奴隸財產之一般的不安及不確實，遂顯著的使其價值低落。於是解放也就成爲頻繁的事情了。這種種的原因已經促進該制度的自然終結，而西班牙政府於一八八六年十月，對瀕死的奴隸制度又加了最後的一擊。那就是以議會的法案爲基礎所發布的巴脫羅奇那得，即一八八〇年的法律所定的徒弟制度的廢除令。舅他斯即服屬於管理委員會的被解放民，現在置於政府的直接保護之下，並且他們此後祇還有四年間受傭於產業的必要。於是奴隸制度的最後痕跡就在古巴島消失了。

巴西

一八二六年，關於奴隸貿易的廢除，英國和巴西之間曾訂有協約，然而雖有英國巡洋艦的監視，這種協約還是常有違犯的事情。一八三〇年巴西皇帝曾布告將奴隸貿易和海賊同樣看待。英國可以捕獲巴西領海內的可疑的船舶，乃是亞伯丁法（Abordeen）（一八四五年）所承認的。但是由地方長官的默認，年年還依然有五四、〇〇〇名非洲人的輸入。在一八五〇年，據說奴隸貿易已經完全滅絕了。但植民業者和鑛山業者則反對奴隸貿易的滅絕，而高呼那是國家的災厄。奴隸貿易的終結，遂使奴隸的勞動更加一層嚴酷，而將從前許多從事於家內勞働的人，驅之從事於耕地的事業：然而巴西的奴隸制度比之英國的，還要和緩些。一八七一年九月二十八日，巴西議會可決了以里奧．布蘭可法著稱的一種法案，這種法案規定廢除國內的一切奴隸制度。現在是奴隸的雖還依然要在奴隸的地位，——由右面的法令所解放的政府所屬的奴隸，另作別論——但却賦與了解放的便利方法，並且規定在該法通過之日以後，婦人奴隸所生的小兒都應一律自由。可是這法令同時也使他們負一種義務，就是要服役於其母的所有主之下二十一年。此外還插入一種條項，就是年年應從罰金的吸入中保留一定金額，以充作援助各州由賠償而解放奴隸所需要的費用。在這法案通過的七年前，常爲自由而盡力的皇帝柏脫羅二世，已將他自己的私有奴隸解放了，而許多巴西人在一八七一年以後，也都做效了皇帝的前例。根據一八三五年的人口調查，當時巴西是住有二、一〇〇、〇〇〇的奴隸。一八七五年的初頭，祗有一、四七六、五六七名。但在一八八四年，其數據說竟有三、〇〇〇、〇〇〇之多。在該國還依然續用奴隸勞働的各地，和自由勞働的地域之間，某期中曾進行了一種漸次的分離。奴隸制度漸漸的向着馬拉尼温和聖堡羅之間的地域集中了。

一八八〇年，反奴隸制度運動的指導者代議士約克姆·拿巴可，曾得到可以提出一種法案的許可，這種法律以更迅速解放奴隸爲目的，比在一八七一年的法律之下可以達到的還要更急速些，並且限定一八九〇年，要實行巴西奴隸制度最後的廢除。但政府則以問題是正在用圓滿的方法解决，因之沒有更用一種法令的必要爲理由，而拒絕准許這種法案更進一步的發展。這種問題乃是一八八五年三月所開的議會之主要議題。以薩來窩法著稱的一種法案雖然通過了，但這卻違背了廢除論者的期待。對於奴隸所有者保留了提供一種法外的償金，而且六十歲以上的奴隸雖然得到了他們的自由，但一切奴隸除去六十五歲以上的外，是和徒弟服務中的奴隸的子女一樣，還要以非常低廉的工資停留於其主人之下三年，耕作者於是就事實上得到一種附加的償金。

廢除論者繼續努力，輿論在中途半端上是不能滿足的。於是以自由勞働爲利益而奴隸制度應立即終結的印象，也都漸漸的在奴隸所有者間種下根株了。一八八八年五月所成立的內閣在下議院提出了這種目的的一種法案，這種法案並迅速爲該院及上議院可決了；因皇帝不在國內，乃得到勒京脫皇女的署名，而皇女對解放條例也就獲得了表現其衷心贊同的機會。

植民地的勞働輸入

奴隸制度廢除之後，二三歐洲各國的植民地，遂在較長的契約期間之下，企圖以輸入各種未開化民族勞働者的制度爲其代替；但這種事情根據幾種實例，也就明白的流爲一種合法的奴隸貿易。一八六七年間，我們就知道有南洋諸島和新加來多尼（New Caledonia）及斐濟（Fiji）島的白人植民地之間所行的這種制度。這種制度好像是始於一種實際自由契約，但貿易業者之不知足的貪婪，忽然又以詐欺及暴力的方法而代之了。土人在虛僞的口實之下被誘入勞働船舶，然後又爲强力所抑留；他們或在海岸，或在划船（Canoe）上被捕而裝載於船舶中的。植民地僱傭契約的性質，並沒有向他們充分說明，他們在超過合法的條件期間中受僱了。這種貿易的範圍不久又更形擴大。一八八四年因賀普富爾（Hopeful）的事件，【註二】昆士蘭（Queensland）的貿易特別引起了太平洋諸島民的注意；於是對於徵發新幾內亞（New Guinea）魯易西亞得（Loussiade）羣島，丹脫爾克斯脫（D'Entrecasteaux）羣島的土人，而以勞働者的名義裝載船舶所實行的各種方法，便任命了一個委員會加以調查。其間幾乎有五百名的證人被調查了，調查的結果，遂暴露了暴虐及殘忍並不減於古時非洲奴隸貿易的一種制度，而委員會（一八八五年）更報告賀普富爾輪船航海的歷史，乃是一部權謀欺詐，周到的誘拐，及冷酷殺人的長記錄。像這樣可恥的行動，遂使島人感覺以爲他們對於來到海岸的白人一個個的復讎，乃是一種義務，於是有高尙之心的美拉尼西亞（Melanesia）牧師約翰・可勒里吉・巴脫遜（Jhon Coleridge Patteson）就於一八七一年九月二十日，在納克普（Nukapu）島做了這種復讎的犧牲者！

註一　政府的代辦，募集業者，賀普富爾輪船船長及船員等，因在這種貿易中犯了罪，都受了審問。船長及舵手都判明是犯了殺人罪，而被宣告死刑，但後又減輕爲無期徒刑。

一八八四年，昆士蘭政府已在法令的威權之下，發布了處置這種貿易的一種取締法，而一八八五年委員會報告所啓示的結果，薩・薩妙爾・古里發斯政府遂決定於一八九〇年末以後，停止發行輸入所謂「加那里」勞働者到昆士蘭的許可證。但植民業者則主張若撤廢有色勞働者，則砂糖業卽將滅絕。他們並且以這種輸入，『可以使北部地方的半熱帶的農業及果樹栽培事業發達』，便要求至少要寬放一個期間。國務總理遂改變其曾經堅決表示的意見而同意於該貿易的繼續。而一八九二年，又因這個目的制定了一種植民地法。在英國方面，曾有人努力想使這種法律不爲內國政府所承認，主張適用國王否決權(Imperial Veto)這種強硬的手段。有人主張昆士蘭植民地的黑人待遇是人道的，——他們的死亡率顯然是很大的——而關於一八八五年以來很厲害的虐待，在明瞭的境界之下又好像沒有發生何種明確的事件。所以這種法令就成了法律，並且其規定不久就爲政府所修正，其結果，甚至成了如李波所說的『在乘船中，在植民地從事勞働中，爲保護勞働者的利益，在他回到其故鄉的關係上，都是一種完全周到的規定的法典。』這種法典以不斷的注意和確定的態度而欲強制施行，是一件有希望的事情。然其實施則大部分都是在當局之手，這些當局都是以該項貿易之活潑和擴張爲利益的，所以由這種當局來完成其任務，似乎不可能。有如薩•亞薩•哥頓〔註一〕所說：『募集的監督權委於帝國政府駐在西方太平洋各地的官吏之手，凡志願勞働者在出帆到昆士蘭之前，都必須在官吏的面前報到。』這種要求，是正當的事情。這種制度的全部歷史給我們以下列的教訓，即十九世紀的產業主義，因爲沒有爲何種適當的道德威權所支配，所以若不用法律的力量來限制，則可爾脫斯(Cortes)及半野蠻時代(Bizarre)的歐洲企業家到處發生的罪惡，在十九世紀的產業主義之下，也要同樣的發生起來。

註一 一九三年一月五日泰晤士新聞所揭載的書信。薩·亞薩·哥頓(現在的斯湯摩亞)是某年的太平洋的勅任委員。

第九章　俄國及東方回教諸國的奴隸制度

所謂近代植民地奴隸制度這種大的變態的餘波，凡文明各國及其屬領地都已掃滅無餘，已如上述。於是剩下的問題，就是西歐各國的境外，直到最近還存在的，或現在還存在的，有原始的起源之奴隸制度了。

俄國

在普通都以為與西歐各國國民沒有同樣的過去歷史，在事實上甯可說是和東方各國國民同種較為正確之俄國，奴隸制度雖然是已經消滅，農奴制度到最近還是盛行。在可以供我們研究的最古的時代，俄國鄉村的住民，是由：(一)奴隸；(二)自由農業勞働者；(三)小農業者或農民而為自治村落之中介的自耕農的三種而成的。俄國奴隸制度的根源，也和其他任何各國同樣是：戰爭時候的俘虜，貧困自由民的賣身，無淸償能力的債務者的賣却，及對某種犯罪之法律上的處分等。在十八世紀的時候，並沒有前述的三種階級的區別，我們祗看見都是一樣的盡是地主或國家的財產之農奴階級。他們不許移住，連「屬地奴隸」也是不曾有的；一七二一年的一種勅令云：『地主將其農民及僕婢不僅可以全家出賣，且可以並恰和家畜一樣，各個分別的賣却』。這種規定的實行，起初在便宜上，當其賣却的時候，要由政府徵收稅金而加以認可，但後來就由二三勅令而正式認可了。彼得大帝對於一切村落的住民，曾徵收一種口稅（卽人頭稅），使地主對其所領地的農奴負有徵收該稅的責任。不願入軍隊的『自由漂泊者』，則受命爲地方自治體的屬員，或地主的農奴而定住下來。農奴制度到了加脫里納(Catherine)二世主政的時代，到了最發達的境界。在那個時候，農奴或和土地在一塊，或和土地分開，或以全家，或各個分別的買賣或贈與，祗有公賣一種，則以『不適合於歐洲國家』爲理由而禁止。地主可以不待裁判，將其不順從的農奴流放到西伯利亞，或使之終身入礦山；對其主人申訴不服的人，則或受笞罰，或被逐到礦山。

反動之最初的各種徵候，是在包爾的主政時期（一七九六——一八〇一）出現的，他曾發布一種勅令，禁止強制農奴每週爲主人勞働三日以上。從十九世紀的初期起，更有二三次薄弱的改善計劃，也還有關於解放的失敗了的計劃，但在亞力山大二世即位（一八五五年）以前，並沒有講求何種確定的方策。亞力山大二世在克里銘（Crimean）戰爭之後，曾創設所謂「農民問題對策委員會」，這乃是以國家大員組成的祕密委員會，其職責在調查農民解放問題。康斯湯丁大公（Grand Duke Constantine）就是這種委員會有力的一員。爲促進這種委員會的行動，曾利用了下述的事件。立陶宛尼亞（Lithuania）州這個地方，主人和農奴的關係在尼古拉時代，是爲所謂財產目錄所支配的。貴族因對此不滿，所以現在就要求修正。政府將其申請解作含有廢除農奴制度的希望，遂發布一種勅詔，將準備漸次解放之明確提案的權能委之於委員會。不久就有報告立陶宛尼亞州貴族的這種希望之一紙通告，送達於俄國本國中地方長官及主要的貴族，表示『如果各地貴族表示同一之希望』則應一體遵行之旨。輿論對於這種改革的計劃大表贊成，就是反對這種計劃的地主，也以爲如果這種計劃必然的實行了，則爲他們的利益計，與其委之於官僚政府，不如委之於貴族，較爲安全。其結果，在一八五八年中，凡有奴隸制度的各州，幾乎都分別創設了委員會；由各委員會所準備的計劃案，有產生一般計劃案的必要，政府爲了這個目的，乃任命一特命的勅任委員會。計劃案作成之後，貴族方面雖有若干反對，（那是被壓迫下去了）但該案却成了法律，於是農奴制度就廢除了（一八六一年二月十九日——三月三日）。

其規定爲：『（一）農奴應立卽接受自由村落階級的市民權，而以村落自治體代替地主的威權。（二）村落自治體在可能範圍內，保有其實際所占有的土地，而且年年應以貨幣或勞働交納一定租稅於地主，以爲土地的代價。（三）政府應以信用手段援助自治體完成這種種義務，換言之，卽在使用收益上援助他們購買所委讓的土地。』關於家內農奴，他們還要繼續事奉其主人兩年，然後完全成爲自由；但對於土地的分享，却不會有何等權利。法律的解釋及新事件之組織化的事務，則委之於各地域所選出的地方地主，這種地方地主叫做『和平仲裁人』。這些官吏，一般都是根據和兩當事者所結的契約，而作成地主和地方自治體之間的貸借契約書。他們的困難事務，大概都以非常滿足的方法而完成，變革也就這樣的在成功之中完成了。其次就是金融的整理。租稅是以百分之六資本化，政府立即以五分之四的金額付給地主。其餘的五分之一，則由農民一次或分期交納；並且必須在四十九年內，將前付的百分之六的金額交納於政府。在地方自治體沒有採取購買行動的地方，地主可以獲得以五分之一爲限度的必要的補償。解放當時屬於地主的農奴總數爲二一、六二五、六〇九名，其中有二〇、一五八、二三一名是純粹農奴，一、四六七、三七八名是家內農奴。這個數目並不包含約占鄉村人口之半的國有農奴。他們的境遇一般都較優於私領地的農奴，這實在有如華勒斯(Wallace)所言，可以視爲『農奴和自由民的中間地位』。他們之中有的是爲加脫里納(Catherine)二世供給俗用，且編入於國家領地本屬於教會的土地農奴。也還有充皇族使用的釆地農奴，這數目竟約達三百五十萬。於是根據一八六一年的法律，就有四〇、〇〇〇、〇〇〇以上的農奴解放了。這種變革，當然是必然的，也是有利的，但直接對於經濟的及道德的效果，還不能認爲已滿足人們所懷抱的熱望。我們所聽到的，這種政策的實施，是因州的不同而並不一樣。若要使其結果充分的明確，是必須要有比自那以後到現在所經過的還要更長些的時日罷；並且爲使社會的善的萌芽發達，還有更進一層的法律干涉的必要罷。

回教諸國

東方回教國的奴隸制度，並不是野外的奴隸制度，而是家內的奴隸制度。奴隸爲家內的一員，普通都待以好感和親愛。穆罕默德在猶太人之間，在阿剌伯人之間，都會看出了奴隸制度是現存的制度。因之奴隸制度也如同摩西法典上，及基督教教會的初期一樣，是經典所承認的。但回教則緩和其嚴酷性，而努力涵養對奴隸同情親愛的精神。可蘭經(Koran)說：『你的奴隸中有要求解放的人，你自己若知道他們之中有善的存在，你就應爲他們實行之，並以他們所奉給你的富之一部，給與他們！不要强使你的女奴墮入罪孽！……希望她們保持其淑德！然而假使要有人强制她們，並且實行了，則强制之後，神對於她們亦將眞摯的赦罪而垂惠慈悲。』(Rodwell Sura XXIV.) 穆罕默德曾准許其信徒交納相當的償金，得到其主人的承諾以後，和可靠的奴隸結婚，並且這些婦人若於結婚後犯了姦通罪，則祇不過以課於自由人的既婚婦人之刑罰的一半罰之。東方各國的奴隸，決不能以爲是墮落的，所謂年輕的奴隸，他在達到社會上最高地位的一點上，並沒有何種障礙。然而關於和該制度相結合的不可分離的道德上的罪惡，則不言可喻；換言之，就是我們既不能主張有何種現實的根據，以辯護其政治的必然性，同時，縱其自身是如何的和緩，但也決不能忘却其背後久已存在的那種非洲的咀咒，以及現在還存在的那種有組織的人類獵取的奴隸貿易的罪惡。

爲要治愈黑暗大陸這種病疫，現在就必須誘導西歐各國國民的各種努力了，而這種種努力到處都會發生過顯著的效果。新運動之確定的刺戟，是由德維脫・李溫古斯登給與的。他於一八五二年由貝專納蘭（Bechuanaland）出發，其後從該處橫斷大陸，向着到達些姆培齊（Zambezi）河口的聖保爾・得・羅安達進行；他從這個時候起，一直到一八五七年，祇爲幾個少數的土人所瞭解，直到他在班圭奧羅的湖畔逝世的時候，都是繼續不斷的，勇敢的，無我的努力了。他乃是最初將非洲內的奴隸拐掠及因奴隸貿易而發生的慘禍之正確的印象，刻入於該國國人心裏的一人。下列數語，乃是他絕筆的一部分，而刻在威斯明司特寺（Westminster）他的墓碑上面的，——『我在我獨居中所能說的一切，祇是「願天降厚惠於能盡力醫治世界這種曝露的傷痕之一切人們——不論是英國人，美國人，土耳其人——」』。

我們先研究他的行程終止的時候的狀態，而敘述那爲改革奴隸貿易所採取的數個階段。

在植民地奴隸貿易時代，其非洲的中心地，乃是加拉巴爾（Calabar）和彭內（Bonny）兩河河口附近的地域，凡由遠方捕獲的奴隸都被帶到此處。若據克拉克遜所說，則每年從這部分海岸所來的奴隸，和從其他非洲全部所來的是同樣的多。但現在是相信沒有一個奴隸從該大陸的西方輸出了。——在所謂一八七五年的晚年，加麥羅雖報告說並不是沒有輸出——近來從非洲供給埃及、摩洛哥、（Morocco）、土耳其、阿剌伯、及波斯的中心地，乃是下述的三處。

一、大撒哈拉（Great Sahara）南方的蘇丹（Sudan）好像是一個廣大的狩獵場。俘虜從這個地方帶到波倫（Borun）的克加（Kuka）奴隸市場，在這個地方被商人買取之後，年年總約有一〇、〇〇〇名多的奴隸，在如焚的炎天之下，經不毛的沙漠而到非辰（Fezzan）的莫翟克（Mi rzuk），從這個地方出賣於北部及中部地中海沿岸各地。他們在途中的苦痛實在可驚，有許多人因倒下而被遺棄了。若據羅爾夫斯（Rohlfs）所報告的，則隊商所經的道路，『行人若不知道，就祇有踏着路旁的白骨』。黑人也從西部蘇丹及丁布葛多（Timbuktu）帶到摩洛哥去。摩洛哥的貿易中心地，是西的·哈麥特·逸安·姆薩（Sidi Hamed ibn Musa）。這個地方是在有七日路程的摩加多爾（Mogador）的南方，開有週年市場。奴隸從那個地方分成若干組送到各都市，尤其是摩洛哥市，非斯，（Fez）及麥基納士（Mequinez）等處。【註一】於是每年就有四、〇〇〇名的輸入，土耳其皇帝對於這種輸入曾課以一定的輸入稅，每年的收入約達四、八〇〇磅。摩洛哥的黑奴總數，在數年前據說約有五〇、〇〇〇名。

註一　奴隸的公賣在內地的各都市是繼續了，在港口方面則某期間中是被禁止的，可是這種禁止據說已於一八九一年撤回了。

二、達於尼羅河（Nile）上流的諸大湖的邊境，是為奴隸貿易所蹂躪的一個地方。蹂躪其地而擄去其住民的許多山賊，大部分是受了加爾東（Khartum）商人的金錢而爲所驅使的。奴隸以前是往往祕密輸入到埃及，現在則大部分經過紅海而輸入到土耳其了。埃及國王伊斯馬逸耳（Ismail）於一八六九年，任命了薩妙爾・柏克（Samuel Baker）爲大軍的指揮官，柏克就率領了大軍，而『欲直接襲擊奴隸貿易於其遠的巢窟』。國王所發給他的勅令，就是：『爲要使位於根德可羅南方的各地服屬於我國的權力之下，爲要禁止奴隸貿易，爲要實行普通商業組織，爲要開闢航路於赤道附近的各大湖，及爲要在中央非洲各處開設一連軍隊的屯駐所和商業貯藏所。』有許多人雖以爲伊斯馬逸耳並不是從心裏希望奴隸貿易的終熄，他不過祇留意於他的領土擴張，但柏克的確抱有錯誤的思想。後者如何的完成了他的使命，是在他的伊斯馬逸里（第二版，一八七九年）上敍述了。他於一八七三年八月回到開羅（Cairo）他在那個時候宣言說：『從加爾東到中央非洲一、六〇〇哩之間的白色尼羅河，是脫離了素來點汚其水的那種可咀呪的買賣而淸潔了』！然而他雖然精力絕倫的實行了各種努力，但在該遠征之終極目的上，實際發生了幾多效果，還是疑問。

西・季・戈登（C.G.Gordon）大佐，以繼續柏克的事業爲目的。於八七四年一月被埃及王任命爲『赤道地方的總督』。他當時就知道他若不是全蘇丹的支配者，他是不能夠做出任何事業的，於是他就囘到開羅，申請若不與以這種權力，就要辭退再爲埃及王效力；而埃及王也就將這種權力給與了他。他現在逐專心於奴隸貿易的掃除，他得着忠實有爲的意大利人副總督羅穆羅・葛西的援助，而繼續和商人及其軍隊鬬爭。一八七七年，他得到埃及政府的一種命令，命他應使那種繼續不斷的奴隸貿易，以後在埃及七年內，在蘇丹二十年內終熄。一八七九年，伊斯馬逸爾退去王位，由其子杜裴克繼承，戈登就提出辭表；他在埃及王派遣到阿比西尼亞（Abyssinia）的使節沒有獲得效果之時，就離開了埃及。他其後爲英政府派遣到加爾東援救被圍攻的埃及的守備兵，他的援救之過遲，以及他在執行義務中的死亡（一八八五年一月二十六日），都是人所熟知的事實。他到最後還希望葛西能替他到他所支配的巴爾・愛爾・加柴爾去，在那個地方和司湯雷（Stanley）共同協力。他說：『我們要將一切地方從奴隸商人手中奪囘來』！但這些希望並沒有實現，而現在他或柏克所努力的舊跡，也不知

是否還殘存於他們的活動舞臺了。【註一】

註一　由一八七九年之哥登的撤退就開始，由一八八三年之蘇丹的拋棄，而混亂與災禍遂達到最高點，關於此事的明確敘述，請閱溫格脫的"M hdusm and the Egyptian Sudan"

為戈登任命為埃及領赤道地方的總督之奧大利人愛明·巴沙博士，數年間都是在非常困難之中，單獨的，沒有任何幫助的繼續了他的支配，並且一八七九年通過該地的阿爾·古布爾·裴爾京博士甚至稱揚他，說他那樣奮發有為的將自己受任的地域統治了。『縱然沒有猛獸，但也恐怕不能像你一樣，除杖一根外，不持任何武器而遍歷領地中的各地。』愛明為要將他支配下的地域從奴隸貿易的慘禍中解放出來，曾獲得了顯著的成功。但一八八五年他却遭遇了各種很大的困難，於是司湯雷指導下的一隊遠征軍就為援救他而組織了；司湯雷經由公果（Congo）達到他的所在地，並將他引導到東海岸來。於是他統治的地方又恢復了以前的野蠻狀態，並且一任那導師的從者及獵取奴隸的阿剌伯人侵略了。這就是英國政府在這些地域之逡巡的、不完全的政策之悲慘的效果。

然在埃及本國則獲得了很大的成功，這主要的是因故杜斐克王（一八九二年逝去）履行了美滿的義務，及薩・愛威林・柏亞林古（克羅馬卿）在該國奮發有爲的施用了英國的勢力。如前所述，英國皇帝和埃及王伊斯馬逸爾於一八七七年曾締結一種協約，依照這種協約，黑人奴隸或阿比西尼亞人（Abyssinian）一種繼續不斷的買賣，在亞立山堡（Alexandria）阿斯灣（Assuan）間的全地域內是禁止的，這種禁止到一八八四年就實行了。在短時間內，因爲難於獲得這些私人買賣的證據，所以差不多沒有表現什麼結果；但這種協約的規定在現在却不留餘地的實施了，祇不過在例外的情形，還有秘密實行那種買賣的事情而已。在埃及王的威權和歇斐・柏大佐奮發有爲的管理之下，曾設有一種奴隸局（Slave department），其本部設在開羅，而使奴隸之新輸入埃及者，以及本國奴隸之賣給其他主人者，都發生很大的困難。一八九四年，曾有三名總督因買了蘇丹人的奴隸少女而被捕且交付於軍法會議。家內奴隸制度雖還是合法的，但要求解放的奴隸祇要向右述的奴隸局申請，則他或她就可以立即接受自由確認書；在開羅這個地方，並還有被解放者的住居及保護的一個房屋。

三、長時間由東部非洲海岸所實行的奴隸貿易的供給來源，主要的是從南部尼亞西（Nyasa）地方，經過三條或四條路線，而來到伊堡(Ibo)莫三鼻給(Mozambique)安哥歇(Angoche)及基里馬納（Quilimane)等地。馬達加斯加(Madagascar)及可摩羅(Comoro)諸島，其奴隸的大部分是從莫三鼻給海岸獲得的。一八六二年，有人相信每年約有一九、〇〇〇名的奴隸，由尼亞西地方向着桑給巴爾（Zanzibar）通過了；在一八七三年前，有很多的奴隸從桑給巴爾供給到阿刺伯及波斯的市場。李溫古斯登曾發見了由羅費馬附近尼亞西湖的東方各地，因奴隸商人的關係而減少了人口十分之一。他經過瓦希亞與一直進行了七日，在這一帶地方，從前雖曾有過住民，但現在住民却完全消滅了。在凶疲憊和隊商都不能進行的時候，他看見路傍各處都橫陳了被阿刺伯人或葡萄牙人的驅使者所殺戮的奴隸的骸骨；他也看見了因食糧的缺乏而在途中被遺棄的，將到餓死時那種可憐的奴隸。一八七三年巴脫爾・福里爾(Sir Bartle Frere)受任爲赴桑給巴爾國王處的使節，雖爲禁壓奴隸貿易而帶去了一種協約，但該港貿易的停止並不能使貿易本身絕滅，祇不過給與以若干不同的方向罷了。我們所聽到的，是有許多奴隸經過陸路而送到布拉瓦、麥爾加，及其他場所的索麻利市場。在曾由莫三鼻給海岸受了供給的馬達加斯加這個地方，加貝瓦領內的奴隸的輸入及買賣，是於一八七七年六月，爲女王拿瓦羅十二世所禁止的。英國各大學，蘇格蘭的國教及自由各教會在西勒高地及尼亞西湖沿岸地方所設立的屯駐所，無疑是很有貢獻於這些地方的奴隸貿易的減少。從前年年都有一〇、〇〇〇以上的奴隸通過了尼亞西部的南端，在一八七六年則除祇有三十八名以外，就不再見有其他奴隸經過此處了。駐莫三鼻給領事，在其一八八〇年所寫的著述中，說當時每年都有三〇〇〇名的奴隸是從羅費那（Rovuna）柴姆培齊（Zambezi）兩河間的海岸輸出的。但從那個時候以後，好像是從象牙需要的增加而獲得了新的刺戟，奴隸與象牙的貿易，乃是所謂『手和手套』的關係，象牙由奴隸運到海岸，而奴隸則於象牙運出之後，被輸出賣却了。

在非洲其他各處，還有奴隸之更小的分流。便是隊商也從索麻利蘭（Somaliland）的哈拉爾被派遣到其海岸的巴巴拉（Berbera）去，因爲該處有週年市。奴隸也從加羅島方面，古威格方面，及阿比西尼亞等處蒐集起來，而以阿比西尼亞人評價爲最高。

在非洲大陸的東海岸曾經長期施行的海上封鎖，祇不過是極小部分的成功。雖有英國巡洋艦的警戒，意大利及其他各國的軍艦之派出，而奴隸却仍繼續由桑給巴爾的海岸輸出，並且由紅海海岸所輸出的更多，這是因爲到阿剌伯的海岸距離甚短，奴隸商人屢屢潛布了警察網的原故。至于阻礙軍艦在這些海岸活動能率的一大困難，乃是法國的拒絕；西方各國中祇有法國一國，反對英國官吏闖入揭揚該國國旗而航海的一切船舶的船艙，以調查是否載有奴隸。並且揭揚法國國旗的特權，祇要向停泊的場所納付必要的費用申請之後，就可以極容易獲得的。法國貿易在此處的海上方面，極其殷盛，並且日益增大，因之這種困難就好像永久阻礙了爲禁壓該貿易而採取的海上活動。但這種困難大概可以由創設一種爲全西方各國所共同支持，並且在其協同管理之下的海上警察制度而克服罷。對於這種權力，法國也大概是不能夠拒絕其臨檢之權能。但在現在，主要的似要倚賴於大陸自身可以舉得效果的活動及勢力。不待說，這些內部的方策縱以相當的精力而繼續，但封鎖計劃之能否放棄，或至少能否大受限制，還是疑問罷。然而因海上活動而發生的煩費，很明顯的不如集中於『襲擊，禍害於其巢窟而予以根本消滅』〔註二〕的事業方面爲妥善罷。

註一　是薩里斯伯利於一八九一年五月，在格拉斯哥所實行的有名的演說中的語句。

比利時皇帝黎奧波爾得（Leopold）二世於一八七六年九月，在其宮廷中所開的會議上，曾招待各國代表的地理學者，以討論非洲的探險、商業的發達、及奴隸貿易的廢除之關於該大陸的文化開發問題。歐洲有六個國家的代表出席，設立了非洲國際協會。其中央委員會曾開會七次，都先後組織了沿當加尼加湖（Tanganyika）東岸的遠征隊。由司湯勒實行的公果探險，將注意移轉到西海岸；他爲研究該河的流域，曾於一八七九年出發爲該協會的總指揮者。因歐洲各國承認其旗幟及領土權，遂變該協會爲『公果自由國』。輸入該國領土的任何商品，都不課收關稅或通過稅（其後有一種約定而多少變更了），並且由一切民族而成的國民，關於個人的權利及商業上的權利，都置於同一立場。黎奧波爾得皇帝得了比利時國會的同意，遂做了這個新國家的首長。該國的建設及組織的事業上，都得了司湯勒的有效的助力；他是因李溫古斯登的搜索，非洲大陸的橫斷，公果河的下降而有名的。國王又求請戈登爲他的事業援助者，並得到他到公果援助王事的一種信約。戈登於一八八四年，爲履行這種信約而到公果來就聘，但在巴西將要出帆到非洲的時候，又爲英國政府召喚回去；他因政府的要求，已勇敢的從事於不幸的加爾東的遠征了！

自建國以來，這個國家就喪失了她的國際性，而事實上成了比利時的一個保護國。許多探險都在其庇護之下實行了，商業屯駐所設立了，正常的行政事務開始了，沿公果河流域而應遠延到內部的鐵路也建築了。這個國家的官吏據說常常苛刻的酷使土人，而且事實上差不多是完全把他們當作奴隸看待了。不過在我們現在的思想狀態上，對於未開化民族的這種弊害的發生，祇能認爲是當然的。該國領土的面積約有一、七〇、〇〇〇平方哩，所住的土人人口據說有一四、〇〇〇、〇〇〇名。公果地方占領之後，其次就起了所謂『非洲瓜分問題』。西歐數國以柏林會議所決定的關於領有的決定原則——卽相當的保護生命財產之『有效的占有』——爲根據，都要求獲得該大陸的一部分。有許多協約是和土人首長締結的，國際的外交爲防止武力鬬爭的勃發，而努力調停互爭的要求。這個地方於是就這樣的爲所謂各種「勢力範圍」所瓜分了。而各國政府在其非洲占有區域的權限內，是否已完全站住，那當然還是疑問。但不論好壞，一定的行動是已經採取了，並且在這種情形，也是和一切的人事相同，權力應當如何行使的問題，比獲得該地之方法的討論，更爲重要而且有利。若沒有地方的、政治的支配之擁護和支持，則在該大陸內之奴隸貿易的廢除上，是否能實行了何種重要的設施，至少可以說是非常有疑問的。同樣的反對運動雖普及於大部分，但也不會妨礙那專斷的暴力正在跋扈着的非洲國家的衝突；像這些暴力，其效果是攪亂了難以恢復的現存秩序，並且也恐怕就是對組織化的社會之一種最後的破壞行動。

一八八八年，有一位新戰士代表一大勢力而出現於反奴隸制度的奮鬬戰場。亞爾吉爾及加爾塞吉的監督長羅威結利，受了法王黎奧八世的囑託，負起對非洲奴隸制度舉行一種十字軍傳道的使命。他在巴黎的聖體普利斯敎會上聲明這種使命，後又立卽在倫敦的公共集合上演說。因爲他的影響，大陸各國的數個首府就都設立了反奴隸制度協會。他提倡的這些協會所採用的政策，和英國協會的政策是不同的。他是主張直接的軍事行動。他提倡移植一羣武裝的人們到非洲去，以勦滅蹂躪各大湖地帶的『二三百名的強盜暴徒』。這種計劃，凡是有知識和經驗而使他們在形成一種判斷上有最善資格的人們，都是不贊成的。他們相信若干條的屯駐所的防備線，事實上是如同愛明的那些設備一樣而不得不設立的；為要保護土人及歐洲人的商業植民地以抵抗刼掠着的侵掠，每個屯駐所又不得不有一定的防衛設備；並且到該大陸中心地的侵掠的遠征，是要伴着大的生命犧牲，也不過祇使奴隸貿易變向其他各道罷了。對於他所唱導的方法若是一樣一樣考慮着，則大僧正如果是充分的長生了，那無疑義的是要為歐洲舊教諸國的反奴隸制度派點起了熱誠之焰。然而他已於一八九二年十一月死去了，——因熱心而不絕的勞働把自己消盡了！

一種最顯著的事件，並且是將來對奴隸貿易戰爭的最有幸運的前兆之一，那就是西歐及東方二三國家近來關於一般的廢除奴隸貿易的聯合，及消滅奴隸貿易的相互契約。事實上已經有若干同樣的表示了。一八一五年的維也納會議及一八二二年的維羅納會議上，都是在英國政府先幾日，可決了廢除奴隸貿易的決議。派遣代表出席柏林會議（一八八四——一八八五年）的各國，也都互約了各盡其全力以終止奴隸貿易及『由海上或陸地供給奴隸的行動』。但還有更進一層確定的，廣汎的，乃是一八八九年所採取的行動。這就是根據下議院的決議，由英國女皇帝發起，比利時皇帝為建立各種方策以鎮壓奴隸貿易所召集的列強會議。該會議是一八八九年十一月八日開幕的，表示其協議結果的通則（general act）日期，是一八九〇年七月二日。

這種機關為禁壓非洲奴隸貿易而取的最有效果的手段，——除歐洲所盡力的組織化及軍事的防備手段的設置外——乃是：道路及鐵路的開設，可以航行內地河湖的輪船之設置，電信線的建設，鎗炮及彈藥之輸入限制等。署名的各國，『約定各國各在其所領的地域內，在各個的方針下，凡情形所能容許的，應該漸漸的——由上述的各種方法，或其他認為適當的方法——繼續的實行禁壓奴隸貿易』。這種決議案是由德意志、奧大利、比利時、丹麥、西班牙、公果自由國、北美合衆國、法蘭西、英國、意大利、波斯、葡萄牙、俄羅斯、瑞典、挪威、土耳其、桑給巴爾，及稍後的荷蘭等國的代表署名的。法國的國會因認爲於該國國旗的名譽上發生影響，反對關於海上互相臨檢的條項，而拒絕確認該會議的決議。但是契約上的一切，並不是搜索奴隸，乃是由檢閱船舶書類以確定其旗的國籍的權利，——法國某年前所承認的權利——就是這種權利，也祇是在一定的地帶以內，而奴隸船舶又是限於普通的那種小噸數船的場合，這種情形明白了之後，困難就打破了，於是該議會遂確認了這種決議。派遣代表出席於這種會議的列強，假使都是忠實的並以相當的精力，實行其決議的各種條項，則奴隸貿易在這些國家的勢力範圍內的大部分非洲，就不能長久的繼續存在了罷。

克拉克遜和巴克斯登在對奴隸貿易及奴隸制度鬬爭的初期，曾一面主張其他一切有效的活動方法，同時也明確的知道唯一澈底的有效方法，乃是非洲自己的合法的商業之發達。巴克斯登於一八四〇年將『奴隸貿易及其救治策』一書發表的時候，這實在就是他所期待的救治方策。一八四一年的不幸的尼日爾河(Niger)遠征，就是爲同一目的所誘導的；並且這種大問題的根本解決之在此，是更爲對該問題有興味的人們所痛感了。某時候他們曾以爲產業及文明也許可以由成爲一中心地的塞拉勒窩(Sierra Leone)普及於該大陸的土人之間，而里比里亞(Liberia)的植民地(此地於一八四七年成爲獨立共和國)就是以同一目的而爲美洲人所建設的；但無論在何種情形，可是這些期待並沒有完成。新的，眞正認爲有希望的各種努力，正向着同一的偉大目的進行。

在歐洲各國所占領的數種勢力範圍內，其一般所採用的商業之導入和擴張的方法，乃是傳統的所謂特許公司的創設。這些特許公司的特許證，准許這些公司在一定地域內從事商業，和土人酋長締結條約，建築炮臺，爲妥善的支配被指定的地域而制定法律並實行之等等的權利。現在非洲有三個這一類的公司——卽：羅牙爾尼日爾公司，英帝國東非洲公司，及大英南非洲公司等。這些公司爲禁壓奴隸制度，是負有以其權力實行一切的義務。

一個英國的保護國是以國民非洲公司爲中介，在下部尼日爾河建設了。這個公司最初曾占領此河，在這地方繼續的經營了活潑的商業。尼日爾河地方在柏林會議上曾爲英國所要求，並根據國王的特許及和各種土人部族的協約，該河及其支流伴牛河(Benue)兩沿岸的全支配權，是屬於現在所稱的羅牙爾尼日爾公司。

東非洲公司是一八八八年創立的，而以位於德國勢力範圍的北方之英領地域爲其活動舞臺，更延到內地而及於維多利亞湖（Victoria Nyanza）。牠又在該湖的西北方烏干達（Uganda）這個地方鞏固其地步，根據和酋長所締結的協約，而將海岸和烏干達之間的全地域置於英國的支配之下。但因課稅的禁止及維持與海道交通的困難，知道不得不放棄其在烏干達所既得的地位，於是遂提議將一切利權讓渡於政府。一時從烏干達完全撤退一事，好像是國內諸有力者的計劃。但輿論却强硬的表示反對這種趨勢，於是因在桑給巴爾實行了種種有價値的勞動而有名的薩爾・葛羅爾德・波達爾，甚至於一八九二年末被派遣到該地調查，而將關於該地處置的最善的方法報告。

他以下述的理由而堅決的反對撤退。卽：英國政府已爲和土人所締結的各種契約所懷疑，而這種種契約他們曾認爲是英領保護國的建設的，並且雖不是全部的，但大部分是爲國務卿所正式認可的；新教，舊教，及回教各派之間所起的內亂，當英國官憲撤退的時候就要立卽復活；烏干達是到尼羅河一切溪谷及中央非洲最富裕的各地之自然的關鍵，她立卽就要成爲有利的商業之有希望的區域，並且是努力禁壓奴隸貿易之最善的中心地等。政府因這些建議的結果，遂決定宣言在烏干達設立正式政府，而以該地爲英領保護國。

但波達爾更實行了堅決的固執這種主張之澈底的勸告。他說：『爲有效的阻止奴隸貿易祇開闢了一條道路，而有效的實行此事的唯一方法，就是鐵路的建設』，而這種鐵路是由蒙巴薩(Mombasa)海岸到維多利亞湖的東岸，或至少要到基克游的；他又接着述明其所以要毫無猶豫的，說在未接採取這種方法以前，任何政策、行政制度、或可以實現的關於這些地方的開發計劃，都不過是一種彌縫政策。這種鐵路的建設，就可以立卽廢除對奴隸貿易的繼續有重大關係的其沿道的人類搬運(Human Postage)，創造並刺激尼亞西地方產物的輸出貿易能。政府於一八九一年，因計劃線的測量，雖承認了二〇、〇〇〇鎊的經費，但却『目前』拒絕了使鐵路建設成爲可能的補助金或保證。在這種情形之下，關於此點，還是使我們不能忘却允許同樣的遂巡政策占了優勢的前者的場合。一八八三年，達非林公就會以埃及特別委員的資格，建議以『由斯瓦景到伯伯爾，或更得策的至尼羅河溪谷的郡迪之鐵路的建設』，爲恢復蘇丹和平的第一步。戈登對他這種建議也是表示贊成的，但竟爲政府所擯棄了，而其後所繼續發生的悲慘事件的責任，當然是要相當的歸咎於這種拒絕。

一八八九年所特許的南非洲公司，是繼續的在『密接於貝專納蘭(Bechuanaland)的北部，南非洲共和國的西北方，及葡萄牙領的西方』地域活動着。這是因爲馬達勒地方的征服，所以特別的引起了一般的注意。我們此處不能討論這種征服的事件，然而它的結果，在軍事行動的一短期中，雖然發生了若干的遺憾事件，可是却使和過去所發的，同樣的在將來也要使土著住民發生的那種不斷的禍害之好戰的組織終熄了，並且特別的是將馬孝人在爲馬達伯勒勇士所苦的那種殘酷的待遇中救出來了。這個公司固然是一方面避去了由和歐洲人的鄰人之武力鬪爭而起的大紛亂，但能否保證其對非洲各民族之公平的、人道的處置之成功，還是一個不能答覆的問題。然而這種事情也可以就現在在非洲活動的一切團體加以說明，就是假使她能夠正當的利用了她的機會，則她在內地奴隸制度的廢除上，及該大陸的一般文明上，可以說是能夠實行一種最有效的貢獻——現在已經那樣的成了一種基礎而依存於已有文化的地方社會。

李溫古斯登曾主張通過尼亞西蘭（Nyasaland）一直到海岸，有建設一種沒有障礙的道路的必要。這種道路是經由西勒及柴培齊河而建設的。以史蒂汾遜路著稱的一條道路，是將尼亞西湖和當加尼加湖（Tangayika）連絡起來而開通了。這種道路因爲橫斷了由中部內地到東海岸的奴隸隊商的行路，所以在奴隸貿易的禁壓上是最重要的。在商業上，那也是最容易行到現在大陸的中心的一條道路。一八七八年〔註一〕所設立的非洲勒克斯公司曾在這個地方開拓了繁華的植民地，而英倫及蘇格蘭各種私設的公司，從事於珈琲、砂糖黍、及小麥栽培等等的事業，也都成功了。

註一　此公司已於一八九二年和英國南非洲公司合併。

現在由奴隸制度的見地，似引起特殊注意的三種回教政府，就是桑給巴爾、土耳其、及摩洛哥等。第一的重要，是因爲她在我們自身支配之下的地方是最多；第二的重要，是因爲她領土所影響的範圍廣大；第三的重要，並不是難以制勝的意思，乃是因爲她對於外部的壓迫提供了大的抵抗力。中央及東方蘇丹的場合，並沒有討論的必要，因爲英國及意大利活動的機會今後雖確將發生，但現在却明顯的沒有加以有效的干涉的可能性。對於西部蘇丹的責任，祇要蘇丹是隸屬於歐洲的一國，那總是歸於法國的。

桑給巴爾

反對奴隸貿易的幾種法令，雖都是桑給巴爾王故蔭逸得·布爾加歇在各種不同的時期發布的，但無論那一種命令都好像是成了死文。在一八九〇年七月一日的英德協約上，英國政府曾聲明一種意向，確認桑給巴爾及伯姆巴(Pemba)爲英國的保護國。同年八月一日，該王曾發布一種命令，在他的領域地帶內，禁止家內奴隸及其他的交換，買賣。該命令曾宣稱凡從事奴隸介紹業者，俱應嚴加處罰，並規定奴隸在其所有者死亡的時候，該所有者如果不曾留下一個合法的子女來繼承他們，則他們祇要根據這種事實就可以成爲自由。任何奴隸都當然有以正當的價格，買回其自由的權利。（但最後的規定，因阿剌伯人之間發生了奮激的結果而被限制了）。這種效果的完成，有許多是有賴與英國的駐在官昴・加克，和加納爾・游曼・司蠻斯兩人，而他們在和桑給巴爾國王的關係上，於其說是出於熱誠，不如說是由於不必要的注意而實行的。他們的事業祇要繼續了，埃及一定要隨着發生一種很有效的，漸次的慎重的行動。對於奴隸貿易的處罰之應當澈底的實施，是被認爲合理的。奴隸制度應廢除到何種程度？換言之，就是：不應由法廷承認麼？關於奴隸的一時的法制，是否應當採用？規定一八九〇年一月一日以後所生的一切子女都爲自由而又中止實行的布告，是否應當實施？凡此等等，都是爲該地有能力、有智慧的當局所必須解決的問題；該當局須使正義的要求和社會秩序的維持能夠兩立，同樣的必須要果斷而迅速的行動起來。

土耳其

土耳其的各種主權，到近來却表示一種顯著的傾向，就是專用西方各國的支配者所先導的社會改良政策。一八四六年，當國王將蘇丹征服地的支配委於摩哈麥得·亞里的時候，他就發布了一種勅令，宣稱奴隸貿易是『違反了宗教及正義的各種法則』。又一八五七年以至五八年所發布的各種勅令，是禁止全土耳其領域內的奴隸貿易。根據一八八九年的一種法律，奴隸的所有者凡沒有表明其在何種資格上獲得的證明書，該奴隸就都應認作自由，並規定應賦與以解放證明書。君士坦丁的懲治裁判所，對於凡直接或經過英國大使館的中介而申請的非洲人家內奴隸，俱給以解放的證明。土耳其政府的代表，曾署名於一八九〇年的布拉塞爾會議的通則，而同年爲停止非洲奴隸之詐欺的輸入，又有證明有最嚴重監視的必要的一章，送達到各州的一切支配者。

土耳其的場合所認爲必要的一切，（同署名於布拉塞爾會議通則的波斯，也可說是同樣的）乃是事情在必要的時候，以申訴於地方官廳或國家首長而解決的一種不屈不撓的警戒。

摩洛哥

不得不將最大的困難克服的，恐怕就是摩洛哥了。然而我們應該無疑義的知道該國的奴隸，並沒有受很壞的待遇。如傑·多羅門得所報告於我們的，他們的所有者『在自己死亡的時候，差不多都將其家庭的奴隸解放。……而得到自由的奴隸，且一般的都希望爲家內僕婢而仍停留於舊主人的家庭』。慘酷的事實乃是在內地捕獲的時候和搬運到市場的時候。祇要由該制度所造出的需要繼續存在，就難以禁壓由蘇丹的人類獵取而來的供給。就是在最緩和的奴隸制度的形態上，而其完全廢除的希望能夠達到最高的限度，但也還有隨之而起的其他的各種弊害。

摩洛哥的一般逆行政治的特質，釀成了一種對公共和平的危險；並且有許多人以爲是祇有國際的嫉視，只有強制的調停可以制止。戰爭在任何正常搆成的社會內，決不能期望其爲『開發』外國的目的（往往不過是一種口實）來實行的。

然而並沒有期待那種偶然的必要。也許和在其他各處一樣，我們在這個地方也祇要倚賴和平的手段，——依賴社會情形的無形的變動，產業及合法的商業之擴張，人道的觀念漸次的發達和普及，友愛的諫言之影響等就行了。最純正的穆罕默德教教徒，極力的非難奴隸貿易，而厭惡奴隸制度的歇得·亞麥爾·亞里，在其「穆罕默德的生涯及教義之批評的檢討」一書上，曾向着和自己同一宗派的人們要求：『應以明白的語句，宣揚奴隸制度是爲他們的宗旨所排斥，他們的信條所擯絕的制度！』西歐列強對於回教國的支配者，是應以親密和尊敬的態度遇之，對於他們正常方面的各種勢力的發展，應以有誠意承認之心歡迎之。並不如其政府之甚的東方民族的頑固的偏見，若能根據西方國民的心理來行動，則雖使必要而緊急的各種改遲緩了的場合，我們也必須要盡力忍耐的。最後的效果是不能懷疑的，祇是時間的問題。東方各民族若向着一切社會進化的決勝點去進行，——全世界的宗教指導及支配下的和平的產業活動的生活——則奴隸制度之最後的餘波，雖大抵是遲遲的，但必然是要消滅的。

附錄一

一　「奴隸」及「奴隸制度」二語的使用法

不愼重而使用修飾語之著者多以極不明確的方法使用『奴隸』及『奴隸制度』二語。例如：在反對所謂『婦人隸從』的時候，他們對西方各國近代社會的妻女狀態，也不合理的使用這些辭語；——即在印度的婦人房間的居住者的時候，也是不適當的名稱——他們即在以有力的勞働組合爲背景的情形，也以『工資奴隸』來形容近代勞働者。熱情本有其自有的語句，因之詩人及雄辯家等，他們當然可以用『奴隸狀態』的語句，來形容在無市民資格之下而勞働的，或被政治權力之行使所除外的一個國家之從屬民的狀態；然而在社會科學上，事物各須有其正確的名稱，並且其名稱在可能的範圍內，是要一樣的使用的。

總之，『奴隸制度』一語在純粹使用於科學的時候，其正確意義的決定有一種實際的困難。這種困難是從該制度由往昔漸進的因個人的感情及公共的法令而變更來的一種情形來的。但奴隸制度的特徵，由其所有權而發生的各種權利縱然有種種的限制，仍然可以說是在於「主人是奴隸的身體所有者」這種事實。主人將奴隸身體的所有權拋棄或被剝奪，祇不過對他的勞役或其一定部分而有權利的時候，農奴制度的轉化就在市民社會內發生了。在遲遲進步的田園生活上，同一階段是順着封建制度的根本原則，而在領主和農奴之間，由人的關係變成了領土的關係的時候到達的。

假使我們只以規定農奴身分的法律用語爲限而爲觀察，那就要引起錯誤了。農村生活比都市生活更多一層的差別，是在於法律上的理論和社會的習慣之間，而這些差別由農奴制度達到那到自由之更進一步的轉化的時候，其結果，賤農（villains）在法理上雖還和奴隸沒有分別，但他們在一切方面都差不多能夠成爲一自由民而行動了。

二　希伯來人間的奴隸制度

國民生活初期階段上的希伯來人的戰爭，甚至可以說是特別的殘忍非人道而以猛烈爲特徵。其目的並不在征服巴勒士登（Palestine）的土著民族，而在勦滅其民族。但這種目的並不是能夠完成的。(2 Chron. ix. 7,8) 如前所述，(本書第六頁)拜物教在習慣上有虐殺俘虜的傾向，這是因爲從其純粹的地方性質上，在勝者和敗者之間不能夠創造出任何精神的紐帶來。在現在，如主有所稱，原始希伯來人的『一神教』，——即對夏娃的封鎖的信仰，夏娃是他們的守護神，而信以爲是周圍各民族諸神的殘忍的仇敵——是有同一種類的孤立的效果，並且自然誘起其他敵對諸神的信仰者的犧牲。但一神教的眞正精神，其組織在漸漸爲模範的前輩所發展、所準備了的時候，對於戰敗的敵人有時候雖然是無意識的，但却眞正的看作是和征服者共同的從屬於單一的同一神格，因此而樹立一種向慈悲方面進行的社會觀。並且希伯來人是準着由原始民族的宗教向眞正一神教而進行，而隨其進行的程度，更深一層的感覺了人類普遍的紐帶，因之他們的戰爭也就採用了較爲寬容的方法。同一的影響力更減輕了奴隸制度的法制較嚴酷的形態，於是在猶太歷史的成熟期上，主人和奴隸的關係在其繼續存在的限度內，也就成爲高潔而人道的了。【註一】

註一　但我們當然可以看出有許多著者，有以特殊的好感研究希伯來人間奴隸制度的傾向，這種傾向是導他們對於其特質的某一部分，而使他們任意的拒絕其他古代制度與之對立的各種特質，並壓迫其他各種制度所顯示的人道的形態，或使之成爲最小限度。

「在舊約聖書上，奴隸制度除去人類歷史的初期上由諾亞而生的偏祖以外，並沒有何種記述，牠是以完全發達的制度，而突現於亞伯拉罕的歷史的。」【註一】愛華爾德【註二】這樣的說着。(Gen. ix. 25,27.)

註一 我們無論在那一點上，都應注意不要接受如他們確實引用的關於初期時代所敍述的，那種聖書上關於族長的習慣及制度的報告，這些報告是無疑義的，大部分都已爲後代的習慣、觀念所着色。我此處並不說到五書的數個部分的時代及典據的問題，也並不說到包含於所謂摩西的法律之各種不同的要素。

註二 Antiquities of Israel, Eng. transl. by Solley, P. 211.

其供給源泉是和其他古代社會相同，即：

一、戰爭 但已如前述，其特質因爲主要的是國民的鬬爭，故不會供給過很多的奴隸。

二、拐掠(Exodus xxi. 16; Deut. xxiv. 7.)

三、買得　這若根據創世紀第十七章，則在亞伯拉罕時代就已實際實行，希伯來人遂因此被許可獲得異邦人爲奴隸，但不以本邦人爲奴隸。(Levit xxiv. 44.)

四、法律上的强制　這乃是債務的結果，沒有其他方法的人，以其子女、妻室，或竟以其自己的身體，而被迫的償還債務的場合。

五、生來的——並且『家生的』奴隸，往往是這一階級中最有信用，最有價值的，他們被委有重要家事上的職務，且有時候當作養子而成爲主人的繼承者。(Genesis xv. 3.)

不問是否是希伯來人，凡奴隸都要受割禮而纔許可入夏娃的社會。他們因之而享有安息日的休業，參加過節的宴享，毆打奴隸(不論男女)的主人，在虐待的結果而奴隸死亡的時候，是要受處罰的，但是刑罰則不並不一定；並且奴隸在被毆打之後祇要還生存了一日，則主人就免去了責任，這因爲奴隸是『他的貨幣』的原故。奴隸若負有重傷，他就根據法律而獲得解放。一切奴隸雖一般都是那樣的被限制了，但主人却不得不以人情待之；並且人民想起他們的祖先在埃及的時候，其自身就是奴隸。(Deut. v. 16及xvi14)然而法律却在被選擇的民族和其鄰近的諸民族之間，劃了一條廣大的區分線。

希伯來的奴隸滿過六年間的奴役之後，雖應將國人於其期間中所給與他的妻，及其妻所生的子女留下，但自身却被解放了。若他在未爲奴隸（債務者）的時候已娶了妻室，則在這時候，兩人就都得解放。假使奴隸不願利用這種解放的機會，而欲永久將他自身受主人束縛的時候，則他和主人就相攜到最近的夏娃的聖堂，在牧師的監督之下，由一種象徵的手續而追認這種信約，即主人將奴隸之耳緊押於聖堂的門或大門口的柱上而穿成一孔。牧師的參與，就是證明奴隸曾實際的自己進而拋棄其有資格的自由。因父親的貧困而被賣却的女奴，是以七年爲期，期滿就同樣的成爲自由。假使主人將她作爲自己的妾並公開的承認了的時候，則他以後在和她離婚時，就不能將她出賣了；若他使她成爲自己兒子之妾的時候，則他就應該將她作親女待遇。若他將她置於自己的身邊，同時又娶一人的時候，則他就應給她以半妻(half wife)的一切特權；——食物、衣服，及夫婦相交的義務——否則，他就應該將她解放，根據愛華爾德所研究的，經過六年的奴役之希伯來奴隸的解放，很久以前就廢棄了。我們在申命記上看出七年的原則，又看出不要空手解放奴隸，應給以僅少之物而使他能夠開始自由生活的教訓。(Deut. xv. 13, 19.)

俘囚囘來之後，奴隸制度在法律上雖還不曾廢除，但祇不過存在於大而且富的家族了。帶有寄食性的關係，換言之，就是早已不是舊主人的財產，乃是附隨於他的家庭而受其保護，對其保護不得不提供一定的役務以爲報酬的倚賴關係，在其稍前一時就已漸漸發達，並且是世襲的了。

三　古代埃及、敍利亞、波斯及中國的奴隸制度

以下數頁，是包含這些古代各國民中的奴隸之很少的有益的知識。

埃及——古代埃及存在的奴隸制度，也是從和其他古代社會相同的源泉發生的。諸王的戰爭是主要的來源，紀念碑上往往刻了一排亞洲各國民及黑人俘虜的彫像。我們也讀過由埃及人方面贈送奴隸以作貢納的事實。(Herod. ii. 97.)奴隸都一般明顯的成了家的奴隸，他

們是使用於運河、堤防等之巨大的公共事業，及寺院、石柱和金字塔(pyramid)等的建設。(Ibid. ii. 108.)這種種工作是由支配者中的某人課於全國國民的；將勞働轉嫁於因戰爭而捕獲的異邦俘虜，乃是一般的政策；(Diod. i. 56.)而採用這種政策的人，乃是和在公共事業上使用埃及人的基奧普的遺名同樣被推稱的塞索斯脫里斯，無疑義的他是應被咀呪的。(Herod. ii. 124.)埃及國的法律上，風俗上，對私有奴隸的正當待遇，似都有種種的保證。奴隸的殺害是以死刑處罰，並有一種寺院是爲收容逃亡的奴隸而開放的。(Herod. ii. 113.)凡不正當的被奴隸所有者充作奴隸而保有的人，他都可以主張要求他的自由，但必須將他們的姓名登記於政府所保存的登錄簿上。

敍利亞——日內瓦的各種紀念碑，就是表示敍利亞的主權者在好戰的各種遠征上所獲得的一羣俘虜。——男女及小兒——這些紀念碑上所表現的各種官宦，他們雖有許多都充滿過王宮或政府各廳的重要位置，但元來也都確實是奴隸的地位。由亞斯爾•巴尼•巴爾的王宮出現的兩國語的平版，指示我們關於逃亡奴隸，奴隸買賣，及解放的法律上的定語。

波斯——在麥丁亞人之間及征服之後，波斯人的廣大的帝國各地，遍行着奴隸制度。奴隸應各地方的必要，而使用於家畜的監視、農耕、手工業、及商業等的種種方面，也同樣的使用於寺院的工作及較高階級——他們之間一般都實行奢侈的習慣——的家庭之內。宦官則爲守護大家族的婦女住室（harems）。而大大的需要奴隸。克塞爾克塞斯的軍隊中有許多奴隸。（Herod. vii. 96.）在克塞諾凡時代，波斯的騎兵大部分是由奴隸而成的。和亞力山大對抗而非常頑强的守衞得爾的人們，大部分都是曾起叛亂取主人而代之的奴隸的子孫。賈斯丁曾告訴我們，他說在克拉斯斯時代的軍隊中，大部分都是由奴隸而成的，這些奴隸是和子女以對等的資格在家庭內受了養育，並以很深的注意練成了馬術和弓術。

中國——中國不曾有階級制度，這種事實是基因於中國組織的拜物主義比敬神主義占了優勢，而成了國民的一般信條。奴隸制度是很明顯的於公共或帝王的領地之外，雖然是小規模的，但却也曾存在過。其來源是和其他古代社會同樣的。這也有時候是特別對於政治叛亂的一種刑罰。父母之賣却子女雖然是許可的，但幼兒的遺棄是好像被限制了。戰爭並不曾供給了多少奴隸，因爲稠密的產業人口鄰接於遊牧的各種民族，所以中國失去的俘虜比獲得的俘虜還要多。主人對於奴隸的權利及役者的義務，雖然是世襲的而且永久的，但其制度的特質，却是特別的緩和。國民的風俗、法律，都是保護奴隸的生命及身體。他的家庭往往的幾乎以同樣的條件，存在於主人的家庭中。從事家庭勞役的女奴，和與她同樣買來的從屬於本妻的下級之妻，差不多沒有分別；並且男奴隸往往得到主人的很大的信任。這種制度按着全人口比例，並不會怎樣擴大。自由勞働在中國是一般的，普通的商品沒有自家生產的必要，各家庭就可以獲得供給。在輿論所教訓的各種道德中占最重要的孝行的義務，對於雙親的個人的侍奉，在一般缺乏奴隸或僱傭者的時候，都是由其子女負責。【註一】

註1 請閱 Wallon's Esclavage dans L'Antiquite. Vol. i. P. P. 21-59. 請更將他關於中國的論文，和由此論文所取出來的資料，即一八三七年三月的Journal Asiatique第三集、第三卷，拜奥特的記述比較。

四　古代及近代印度的奴隸制度

我們在馬紐的『法制論』中，(巴納爾及霍普金斯譯第八章四一五)看見有下述的話，卽：『戰爭上的俘虜，有益於獲得食糧的奴隸，家生者，買來者，被給與者，已屬於所有者之父者，及爲替代罰金(或債務)而勞働者』等之七種類的奴隸。奴隸不得所有財產一事，更附加上了。(四一六)他所獲得的財富是爲他(奴隸)所屬的主人而獲得的。奴隸除在缺乏有資格的證人場合之外，不許作證；(第八章六、六七〇)主人不要和奴隸爭鬪，(第四章一八一、一八五)除激怒以外應忍耐發怒。

首陀羅(屬於印度的四種階中之最下級者)的義務，若根據馬紐所說，他們是服役於其他階級，主要的是波羅門階級；但在缺乏生計的時候，及不能夠由其階級獲得工作的場合，也服役於剎帝利或富裕的毗舍。首陀羅的這種隨落的狀態，有許多表現於許多和他們有關係的法律上的規定。然而他們並不是奴隸，他們是選擇自己所欲服役的對手方，並要求相當的報酬。他們可以以自己的計算經營商業，他們對於財產的權利是被承認的，並且他們也還可以蓄積財富。他們並沒有什麼地方可以信爲是國有的奴隸。愛爾豐斯登【註一】說：『他們的狀態比古代某共和國之下的公有奴隸，及事實上之中世紀的賤農（villains），或我們所知道的任何奴役階級，都要良好些。』

註一『亞里安(Ind. Cap. x)贊揚的說任何印度人都是自由的。若據他所說的，他們是和拉克得摩尼亞人同樣的，本國人不得爲奴隸，祇是和拉克得摩尼亞人不同的地方，他們也不使其他的人們爲奴隸。懷疑全印度都沒有奴隸的制度存在之斯脫拉波，其所列舉的反對事實也祇限於家內奴隸，至關於奴隸階級的存在，却並沒有何種懷疑。奴隸制度在首陀羅之間所表現的和緩的形態，也許可以說使過慣了故鄉顯異的制度之希臘人迷惑了，然而馬紐時代所存在的首陀羅的奴隸狀態的遺物，也許更可以說在亞力山大時代以前就完全消失了。』(Elphinston' History of India, P. 201, 5 th ed. by E. B. Cowell.)

同著者於一八三九年曾敍述如次：『和緩形態的家內奴隸制度，差不多是一般的。奴隸都是生來的，飢餓的時候爲父母所賣却的子女，及有時候（將穀物及商品由國內某地運到他地以得到生計的）爲一遊收民族之班傑拉人所誘拐的子女。……家內奴隸是完全和僕婢受同樣的待遇，其不同的只是以爲他們大多是從屬於家族。他們是否能被賣却？他們是否値得一點注目？我是在懷疑着，因爲沒有什麼明瞭的界限可以將他們從自由民區別出來。』然而被誘拐的少女却往往爲很賤的目的所賣却，並且『在其他的情形，是被委棄於主人的性慾和他們妻室的嫉妬與慘忍之中。』他接着說，奴隸在印度某地不僅是在大而富有的家庭內可以發見出來，『在和其他家族的成員完全受同樣待遇的農家內』，也可以發見出來。在古代印度人之間，沒有密接於土地的奴隸。在某森林地帶，雖有那種奴隸，但其關係是極不規則的，他們可以要求工資，而且事實上甚至不受什麼束縛。他們也發見於馬拉巴爾及最南部，也發現於孟加拉、伯哈爾及其他二三丘陵地帶。但『他們對於印度人口的比例是不足道的，並且這一國的地方大都不知道田園奴隸制度的這種名稱。』

英政府處置印度奴隸制度的方法，是在一八八五年三月的『反奴隸制度新報』，所揭載的孟買的裁判官司可脫氏的書面上，由下列的扼要的一段說及了，即：『關於印度奴隸制度的一般法律，是包含於一八四三年所通過的由四章而成的一種短法令中。第一章是禁止人身的買賣或強制勞働的權利買賣。第二章是禁止由奴隸所有權而生的任何權利的強行。第三章是禁止實際上的所有者欲獲得奴隸所佔有的土地之財產權的任何要求。第四章是明白規定若對自由民而爲的一種行爲是常被處罰，則對於被認爲在奴隸狀態的人們而爲的場合，也當受同樣的處罰。』

爲奴隸制度的目的的誘拐，則被處十年間的被逐之刑；以人類當作奴隸的買賣，則以七年間的徒刑，屢次買賣奴隸的人，則以終身放逐之刑處之。裁判官司可脫於一八五五年，說印度的內地還實行有若干的奴隸貿易。

五、巴巴利海賊下的奴隸制度

巴巴利(Barbari)諸國因被兩名海賊奧留克及海拉丁・巴巴羅薩征服的結果，才眞正的對於歐洲成了可怕之地。前者是於一五一七年占領阿爾日，後者由其弟海拉丁繼承。他(弟)

將自己所占領的地方讓於土耳其政府，遂受任爲亞爾日的總督，後又受任爲海軍大元帥。他及他的後繼者都縱橫的航行海上，戰敗基督教教徒的軍隊，捕拿商船，並使地中海各海岸地帶納貢。巴巴羅薩自己做了都尼司的首長；都尼司雖於一五三五年爲查理士五世所克復，但這種成功並沒有怎樣減殺海賊的勢力。查理士五世之一五四一年的阿日爾遠征，是很悲慘的失敗了。錫南・巴夏攻取了的黎波里，這個地方曾委給於聖約翰的騎士；而奧基亞里復略取了都尼司。拉・威勒脫之下的貴族之對馬爾他島的防衛，雖給了土耳其人以重要的妨礙，但他們海上的優勢，不過是在列賓得（一五七一年）的時候才消失了。從這個時候以後，海賊就祇不過是成了單純的掠奪者了。阿日爾及都尼司兩地亘三世紀之久，都是遠征軍的中心地點，他們以此地爲根據，以蹂躪地中海，也相當的蹂躪大西洋，掠奪西西里、薩爾丁尼亞、哥西加、拿破利、西班牙等地，刼掠其都市及村落。而將男女，小兒當作俘虜運去。西方各國一則是因爲偏執，一則是由於相互的嫉視，所以竟承認了他們的暴戾，甚至向他們納貢。爲減少這種擾亂，經過數次毫無效果的努力之後，最初的顯著的成功，就爲美國的海軍士官普勒布爾和德加他二人所獲得了。一八一六年愛克斯馬斯出發到都尼司和的黎波里，得到了該兩地知事廢除基督教教徒的奴隸制度的承認；在阿爾日雖也實行同一的要求，但因爲失敗了，他於是就襲擊此地而將其艦隊掃除，破壞其堡壘；結果，遂締結了一種條約，就是將來戰爭的俘虜，應當交換，不得充作奴隸。然而海賊的勢力一直到一八三〇年，最後爲法國所滅亡的時候，——我們雖可以責備其不守撤退的信約而永久的占領該國，對於阿剌伯人及喀布爾人所永久實行的政策，以及專橫的對都尼司之掠奪等，可是同時對其結果是應當感謝的——他們並不曾中止其暴戾。

關於在海賊船中或海岸上充作奴隸而勞働的基督教教徒的人數之某種程度的觀念，可以由以下的各種事實集合起來，即：在查理士五世占領都尼司的時候，有二萬人是由他的武力，或由於和支配者締結的使他們復活的契約，而從束縛中解放了。〔註一〕我們在頓・基賀脫一書上，知道戰爭的直接效果，就解放了一萬五千名的奴隸。『一六三四年，僧正氏段、在阿爾日的都市及其周圍曾發見二萬五千名的奴隸。』〔註二〕一八一六，其數量就顯著的減少了；當時愛克斯馬斯使阿爾日的全部奴隸盡成了自由的，也不過祗有一千六百四十二名。

註一 Robertson's Charles the Fifth, bk. v. sub fin.

註二 S. Lane Pool's Barbary Corsairs, P. 235. (from Le Pere Dan's Histoire de Barbari et ses Corsaires, 1649.)

俘虜被帶到都市時，他們都是家人父子分數的被拍賣了；他們被投入浴室或私人家庭的地下牢獄，而從事於掃除、運搬、採鑛等的勞働。他們時時受非常殘忍的待遇，但這也不能認爲是頻繁的，——他們主要的痛苦並不是肉體的，而是精神的。他們有休憩日，有休憩的時間，也有時候可以貯蓄些須以贖回他們的自由。

頓・基賀脫的著者曾做了阿爾日數年間的俘虜，這是任何人都知道的。一五七五年，他服役於西班牙駐意大利的軍役，由意大利回到其故國的時候，他所乘的船舶爲摩爾人的海賊所拿捕，他和其他同乘一船的基督教教徒，遂都做了俘虜而被運到阿爾日。他於是就成了海賊船長得里・麥尼（係一阿爾諾脫人而改宗者）的各種奴隸中之一人，但船長因爲目的在强使他向其友輩要求自己的解放費，所以對他的待遇是特別嚴酷。塞爾溫脫斯在其被捕者的當中，是以高尙的節操和寬大的態度處之。他曾數次企圖逃走，在其最後的場合，若依照那種方法而又沒有已經獲得自由的人們中之某一人的背叛，恐怕就已經成功了。他結局遂於一五八六年，得到以救濟居留於阿爾日之西班牙人的俘虜爲目的的官吏所提供的相當額的補助，由其家族的獻金而解放了。他就着在頓·基賀脫中之成爲俘虜的事實，敍述其自身奴隸時代的歷史，這種敍述也時時是出於想像的。這種事情好像是錯誤的，但他的經驗却供給了他關於阿爾日的事件及風俗的詳細知識，而在這種記述上，及他的一種代表的小說愛斯巴岳拉·印古勒沙上表現出來。

基督教教徒也是和土耳其人或巴巴利海賊同樣的住於彼處，而基督教教徒之曾在回教教徒的手中，同樣的回敎教徒之曾在基督教敎徒的手中，雖很少爲人所注意，但在公平上是不應該忘却的。多里亞的船舶的各種槳櫓是和多羅脫的船舶同樣的由奴隸之手推進的；法蘭西斯一世使海拉丁由士倫退去的時候，他曾收接了四船中四百名奴隸的回教敎徒。

六 俘虜的買回

舊教的牧師及受他們影響而富於信仰心的人們，曾爲買回被不信仰的北方各民族，薩拉森人、摩爾人及其他『異教徒』所保有的基督教教徒的俘虜而努力的事實，乃是在相當古的時代。以下所述，就是提供關於在這一方面實行了何種努力的若干觀念。

巴維亞的主教愛皮非牛斯曾『爲從奴隸狀態救出被賣於阿爾卑斯山以外，或逃走而成了奴隸的人們』，而爲脫奧多里克（五二六年死去）所聘用。『布爾滾得王滾得巴爾得及其將軍，因爲聽了立於被自己誘導力而救出的六千名奴隸的先頭而行到巴維亞之愛皮非牛斯之有說服力的言辭，而將心緩和了。』

註1 Milman, Latin Christianity (1855), I. P. 295.

『爲了奴隸的買回，乃是經典准許其「教會人們」讓渡土地的各種目的之一。』

古勒哥里大帝（六〇四年死去）『因爲奴隸的買回，不僅是許可牧師之財富的讓渡，竟還許可祭壇上奉獻器具的賣却，而承認了宗教上的精神之對形式的偉大的勝利。』（關於此點，【註一】他做效了聖阿姆布羅士的舊例）。

註一 Milman, Latin Christianity, ii. 91, and i. 444.

紐斯脫里亞的克羅夫斯二世的后達迪爾蒂斯（第七世紀）自身曾做過俘虜，她為俘虜的買回，曾另外的存置了鉅大的金額。【註一】

註一 milman, Latin Chistianity, ii. p. 221.

後來的諾維雍主教桑•愛羅華，（第七世紀）他曾以自己的費用施用於奴隸的買回。『他一聽到有奴隸的買賣，就立即出發去購買，一時竟買了二十以至三十人，或五十人以至百人的多數。他在買了奴隸之後，其次的工作就是將他們帶到國王前面，以一切法律的形式而使他們完全成為自由。』【註一】

註一 Quoted by Maitland, Dark Ages, P. 88, from the Life of S. Eloy by S. Owen, Archbishop of Rouen, in D'Achery's Spicilegium, ii. P. 76.

揚納斯、達馬斯塞納斯的父親，(第八世紀)將他很大的財富完全充作基督教教徒奴隸的回買。【註一】

註一 Milman, ii, P. 164.

到了其後的時代，爲買回被異教徒充作奴隸而保有的基督教教徒的一種特殊的目的，而樹立了兩種教派，一派就是三位一體的信者，一派乃是諾脫爾·達姆·得·拉·麥爾西。前者乃是一一九八年法皇印諾森脫三世，以買回爲摩爾人、及隆拉森人所捕的俘虜爲目的，依於聖約翰·得·馬他及聖斐里斯·得·窩羅亞的勸告而樹立的。得·馬他是這一派的最初的首領，其本部是在法國的壕阿之傍的塞爾夫羅亞。這種教派很迅速的擴張了，竟發展到意大利、西班牙、葡萄牙、波蘭、匈牙利、英國及美國等處，在第十八世紀，他們幾乎有三百家之多，但那種教派在成爲不必要的現在，也就幾乎完全消滅了。【註二】第十七世紀的中項，法國曾買回了三萬人以上的俘虜，在加斯蒂爾及里昂兩地就買回了一萬一千人以上。這種教派的屬員，在法國是以馬脫倫著稱。

註一 孟他蘭伯爾說：「實際上這兩種教會到了今日，是繼續其和平主義的運動和危險的十字軍而來了！」（他所著的 Histoire de Se. de Hongorie, 1837. 的序論。）但他們的十字軍自不值得當作危險的形容辭。

以來的確已很長久的。

七 產業組織的奴隸制度

根據亞丹斯密〔註二〕所說，則：『從一切時代及國民的經驗看來，都可以明白：由自由民實行的勞動，其價格究竟是要較低於奴隸勞働。』他對這種假定的事實是如此說明的，就是：爲充作補償奴隸消費的基金，普通都是由怠慢的主人或不注意的監督者管理着，因此，在經濟方面，他們差不多是不加以何種考慮的；然而自由民的基金是由自己管理着，他們當然是要考慮到，而以嚴格的儉約和吝嗇管理之。並且要想奴隸和自由民一樣勤勉的勞働，更不可能。因爲沒有個人所得以刺戟他的勤勉，所以他祇要能做到，總是想格外的避去自己所擔任的工作。一般使用奴隸的這種事情，在主人方面，乃是他們權力的誇耀，是他們的嗜好。這種制度祇在耕作性質與之相適的地方可以維持，關於英國的砂糖及煙草栽培，雖好像可以獲得利潤，但由穀物收獲所得的利益卻就沒有了。

註一 Wealth of Nation, book I. Chap. viii; and book III. Chap. ii.

克因士在他有價值的"The Slave Power"這個著作上，把奴隸制度作為一種產業組織而對於其各種成功條件詳細加以檢討。他是由下列事實而研究這種問題的，就是：奴隸制度元來會存在於美洲全英領植民地，它在北方雖然衰敗而且自然的消滅了，然在南方諸州卻非常重要，並且形成了適合其必要的完整的社會制度。

克因士將基於北方及南方植民地的各個建設者之社會的地位及習慣的不同，氣候的影響，及黑人的怠惰等項說明，認為不充分而將其廢棄之後，乃更進而說明奴隸制度所真正依據的各種條件。

奴隸制度有一種經濟的利益，就是：主人對於奴隸的勞動有絕對的支配權，能夠處分他們的全勞動，因此可以用最完全的方法使其勞働組織化，換言之，就是可以照自己的意思將其分類配置起來，並且奴隸的費用決不會超過維持自由勞働者費用以上。在他方面，奴隸的勞働也遭逢下列的三重不利，即(一)奴隸勞働都是不願意而勉強提供的，因之就要有不絕的監督；(二)奴隸的勞働是不熟練的，所以祇能給他以最粗劣的用具，而使用於粗雜種類的工作；(三)因爲他的技藝不多，所以他不能從事於種類繁多的生產，而終身都不得不僅限於穀物的收穫。

但北方的地質及氣候適宜於穀物的耕作，這種耕作需要熟練的勞働結合，並且勞働者是祇在於廣大的面積之上，所以適當的監督是不容易行使的。因爲這個原故，所以奴隸制度是不適合北方的要求，而爲自己家族共同實行農場上一切工作的自耕農制度所代替了。他們在使用於農場的各種過程上，有必要的知識和資力，並且他們的勤勉是充分的爲個人利益的情感所刺戟了。

然而爲要有利的管理奴隸勞働，就不能缺少根據智慧的分類，經濟的分配，及一種支配精神之全勞働力的指導。嚴重的監督也是很必要的，所以一定要使很多數的勞働者集中於一定場所。烟草及棉花的長成，就要具備種種的條件，因之，在土地及氣候適於這種種生產物的地方，奴隸勞働就成了常例，並使其自身持久了。南方土地之高度的肥沃，是不必要有勞働者之特殊的熟練，及產業上之較進步機器的使用。並且在缺乏循環耕作，地力消盡的處所，還有適於擴張這種制度的廣大的未墾地，而所有主是在以不斷的努力去開拓並擴大他們的特殊的耕作形式的地域。

於是克因士乃將其研究的結果總括如次：『欲維持奴隸制度成功為一產業組織，要有下列的各種條件，即：第一，富有肥沃的土地；第二，其耕作要有廣範圍的勞働結合及組織，並要有容許其集中的作物。奴隸制度〔註一〕在美國南方諸州之所以持久的，就是基於這種種條件的存在，在北方諸州之所以消滅的，就是由於這種種條件的缺乏。』

註一　克因士在一八六二年著的。

南方的棉花產業因機器發明的進步而擴張到非常大的程度，是應該回憶的。W．威爾遜教授〔註二〕說：『因愛里．維特納的操綿機的發明，（一七九三年）竟使不熟練的奴隸在以前一日祇能除去五六磅棉花的種子，在現在能除去一千磅的棉花種子了。南部地方遂一時的幾乎一躍而爲世界的主要棉產地。一七九二年，即維特納發明的前一年，由美國輸出的棉花，祇不過一三八、三二八磅，但到了一八〇四年，就膨脹到三八、一一八、〇四一磅，而在擴張奴隸制度之最初鬬爭的時候，（密蘇里協約）其輸出竟達一二七、八六〇、一五二磅，其價值由七百五十萬元美金增到二千二百萬元美金。』這種事實顯然使奴隸制度的法制嚴厲了，這種法制已爲習慣和解放的各種結果的危懼所支持，而現在則『好像是被認爲南方社會所不可缺的經濟手段了』。

據左傳，對於奴隸中的種種等級，似都給有種種不同的名稱，梁啓超氏曾引用左傳，而加以考證。〔註一〕再婢的這種名稱，在現在雖說是指一般家庭所使役的僱傭婦女，但嚴格說來，乃是指本人有罪，或因罪人連坐而沒於官的婦女而言，這是不用多說的罷。

二、起源及生因　奴隸在中國究竟是發生於那一時代？關於其起源，如上所述，雖不能明瞭，但也不外：

a、在上古部落時代，當部落和部落攻爭的時候，是由於驅使其俘虜而發生的罷。換言之，就是在戰爭上，對於頑强抵抗的敵人，則殺戮之，對於降順馴服的敵人，則以之爲奴隸。梁啓超氏說對於這種奴隸所給與的最初名稱，在當初是稱之爲臣，而引用說文，論證「臣」之一字，乃是稽顙、肉袒、屈服的象形；〔註二〕並舉出典據，說這種風俗在春秋戰國的時候，還依然存在。〔註三〕

b、奴隸大都是罪人及其家族，因良民的資格被剝奪，沒於官而成了奴婢的。周禮三十六，秋官司寇、司厲云：『其奴，男子入於罪隸，女子入於舂藁，』就是指此。這種制度在中逃；周官大宰：臣妾聚斂疏財；左傳僖公十七年：男爲人臣，女爲人妾。）臣僕一語，係見於書經之微子篇；（我罔爲臣僕）童僕或僮的這種稱呼，也見於各書；（易旅六二：得童僕貞。秦始皇時，徐市率童男童女三千人入海，赴蓬萊求長生不老之藥，其童男童女，人雖解作幼男幼女，但實爲奴僕。論語之夫人自曰小童，乃是自己謙遜之辭；其他如秦穆公之夫人自稱僕子，也是同意。僮之一字，史記，漢書上甚多。）再所謂臧、獲的這種稱呼，也散見於古書，（荀子王霸篇：雖臧獲不肯與天子易執業，揚倞註：臧獲，奴僕賤稱也；漢書司馬遷傳：臧獲婢妾　晉灼註：臧獲敗敵所被虜獲爲奴隸者。方言亦有：荊、淮、海、岱之間，罵奴曰臧，罵婢曰獲。燕齊亡奴謂之臧，亡婢謂之獲。文選報任安書上，李善的註解引韋昭之說云：善人以婢爲妻，生子曰獲；奴以善人爲妻，生子曰臧。又凡人男而歸婢謂之臧，女而歸奴謂之獲。）此外還有所謂豎，（豎之稱，見左傳僖公二十四年及同二十八年）廝，役，扈，養，（廝、役、扈、養之稱，見公羊傳宣公十二年：楚子重云：諸大夫死者數人，廝、役、扈、養、死者數百人。）皁，輿，僚，台等，稱呼甚多。關於皁以下的稱呼，若

中國奴隸制度概說

一

一、名稱　凡和一般國民沒有同樣的自由，自由爲他人所拘束，做別人生產及其他工具，爲他人所驅使，以服勤勞的人們，皆可以叫做奴隸，這是用不着再說的，但中國究竟什麼時代才有這種人的存在，則頗不明瞭。然而先秦古書上，關於奴隸已有種種名稱，所以其起源已有相當古之一事，是可以明白的，這留在後面再說，現在先述其名稱。據故梁啓超氏所調查的，則奴的這種名稱，是始現於書經、論語；（書經之甘誓云：予則奴戮女，湯誓之文與此相同；論語有：箕子爲之奴。）隸之一語，係出於周禮及左傳；（其文以後引用）臣妾的這種名稱，係見於易經、書經、周禮、左傳；（易遯九三：畜臣妾吉；書經費誓：臣妾逋

附録 二

國是發生很古，因此，所謂童、妾、僕等的這種文字，都是從「辛」——罪字。〔註四〕古代的奴隸，其大部分都可以視爲是這種罪人，應劭風俗通上亦云：『古制無奴婢，奴婢皆是犯罪者；』上述周禮司厲的部分上，鄭玄的註解也是說：『今之奴婢，古之罪人也。』

春秋時代對於奴隸，有一定的籍簿，這種籍簿是藏在官廳，並且好像是祇有君及相，才有權力來解放奴隸。〔註五〕若罪人的子孫未獲得赦免的時候，則他們都完全是屬於奴籍。

春秋時代的奴隸都完全是服於公役，私人畜奴一事，在古書上看不出來。左傳桓公二年云：『大夫有貳宗，士有隸子弟，』由此看來，則當時士大夫的子弟，可以說都是自己執鞭，並從事其他下僕一類的勤勞。再觀察論語上孔子的日常生活，像他這樣一個大夫，也並不曾另外使役奴隸，由樊遲爲御，再有爲僕的一種實例看來，都可以明白他的門弟子是專爲他服役的。一直到春秋時代，奴隸的數量並不甚多，其驅使通常也都是限於公用，好像是不大供給私用。

註一　在臯、輿、隸、僚、僕、臺之中，所謂臺的這一種，乃是指奴隸逃亡而復被捕獲者而言，而爲奴隸中之最下級的；並且上級者是使役次級者，次級者又臨使更次級者，以次遞推。左傳昭公七年云，楚之申無宇云：「天有十日，人有十等：王臣公，公臣大夫，大夫臣士，士臣皂，皂臣輿，輿臣隸，隸臣僚，僚臣僕，僕臣臺。」由此可以知之。在周之天下，當然也不能一定說盡是如此，但至少在楚國是如此的。又昭公六年上，楚之棄疾審辭云：「不用命者，君子廢，小人降，」所謂君子，乃是指士大夫而言，所謂小人，乃是指庶民及其以下的人而言，所以降之者，就是降其等級的意思。所以至少可以說，在楚國是有那種等級的存在。申無宇的這幾句話，乃是關於捕獲逃亡的奴隸而言的，由「若從有司，是無所執逃也；逃而舍之，是無陪臺也。」這幾句話看來，就可以明白臺乃是最下級的奴隸。至其他等級各種的意義，在現在是不明瞭的。

註二　梁啓超氏關於說文上臣之一字，說：「牽也，象屈服之形也；」並引用莊子上的「擎跽曲拳，人臣之事也；稽顙，服之甚也，內袒，服之盡也。」以證明之。

註三　梁氏引用呂覽上的「魯國之法：凡贖臣妾於諸侯，則取金於內府，」來說明本國人成俘虜，成爲臣妾的場合，是以金錢贖回的這種事實，並證明在春秋時代，還依然是以俘虜爲奴隸；他又以孟子上關於齊伐燕一事，有：「若殺其父兄，係累其子弟，」爲證據，而說明在戰國的時候也是一樣。

註四　請閱說文上臣之一字的說明。

註五　左傳襄公二十二年：『斐豹，隸也，著於丹書。欒氏之力臣曰督戎，國人懼之。斐豹謂宣子：苟焚丹書，我殺督戎。』丹書大概就是奴隸的戶籍簿。所以斐豹才有若焚燬其籍簿，復我身民之地位，則我將殺強暴的督戎，以報其功德之語。

二

三、私奴的發生　戰國以前的奴隸，都是官奴，由上所述，是大概可以明白了，但到了戰國的時候，社會狀態既已大變，經濟狀態也非昔比，而商業經濟已漸形顯著了。因為戶口日增，人民中已有許多人感到生活的困難，而從來的田制——均田制——又次第破壞，豪強兼併土地，各處都發生大地主，商業勃興，大商賈出現，其結果，遂使貧富的懸隔，更日形顯著。於是大地主和大商人，遂都多畜奴婢，按其勞力而使之從事於生產貨殖的事業。（史記貨殖列傳：『白圭周人也，與用事童僕同苦樂；』又云：『賤奴虜，而刁間獨貴之。集黠奴，人之所患也；唯刁間收取，使之逐魚鹽商賈之利，終得其力，起富數千萬。』即其一例。）於是多畜奴隸的人，就都是富豪，由此一直到漢代的時候，甚至問他人之富，而以其所畜的奴隸數量來代表；（史記貨殖列傳：『馬蹄千，牛千足，羊彘千隻，僮手指千；此亦千乘之家。』所謂『僮手指千』，就是說有奴隸數百人的意思。）因此，徵之史書，可以明白：權貴之家，竟有數百千，以至數萬以上的奴隸；即民間豪富，也是動輒畜千數百人。【註一】

在漢代——後代也是一樣，即在日本亦有其例——奴隸是和一種貨物【註二】相同，其公開買賣是和牛馬同樣的，奴隸一名，是值萬錢，或萬錢以上。【註三】因爲已有這種事實，所以所有主將奴隸贈與他人，也是完全自由；而以之納於官府以贖己罪，及以之購買官爵等，在漢武帝時代，（漢武帝的時候，因財政上的方便，曾以金錢賣官爵一事，乃是歷史上著名的事實。）也都是可能的。【註四】其後到王莽的時候，一時雖曾禁止奴婢的買賣，而成爲歷史上著名的事實，但不久又恢復了舊狀。

四、私奴的來源　然則這些私奴是如何，或從那一方面供給來的呢？其來源如以下所舉，好像是很複雜的。

a、邊疆蠻民的掠賣 因爲到了漢代的時候，大拓邊疆，和蠻民相接觸，所以掠取蠻人爲奴隸，乃是自然的趨勢。梁氏引用史記貨殖傳，（貨殖傳：『巴蜀沃野：南禦滇、僰，僰僮，西近邛，笮，笮馬旄牛。』所謂僰僮，就可以明白是將僰民族捕來作奴隸的意思。）證明此種事實；並且以爲周禮上的蠻隸、閩隸、夷隸、貉隸等等的名稱，恐怕就是漢代的這種事實。但這還是應當研究的問題。

b、掠賣中國內地的良民而使之爲奴隸的。（漢書欒布傳：『布爲人所掠賣，爲奴於燕；』外戚傳：『竇氏弟廣德，四五歲時，家貧爲人所略賣。』）

c、也有因饑餓而將其子賣給他人爲奴隸的。（漢書貨志：『高祖令民得賣子；』高祖本紀：『五年夏五月，詔民以饑餓自賣爲奴婢者，皆免爲庶人。』）

d、因特殊事故，也有將自身賣給他人爲奴婢的。（史記張耳傳：『貫高與客孟舒等十餘人，皆自髡鉗爲王家奴。』漢書季布傳：『布匿濮陽周氏，周氏進計，布許之。乃髡鉗布，衣褐置廣柳車中，云魯朱家所賣之。』又刑法志：『文帝時，女子緹縈，願沒入爲官奴婢，以贖父罪。』)

e、也往往有豪強強占良民爲奴婢的實例。(後漢書梁季傳：『冀或取良人，悉爲奴婢，至數千人，名曰自賣人。』即其一例。)

f、也有以子女入質，因不能將其贖出而成爲奴婢的。(漢書嚴助傳：『歲比不登，民待賣爵贅子，以接衣食，』如淳對此加注解云：『淮南俗，賣子與人作奴婢，名曰贅子，三年不贖，遂爲奴婢』。這種場合的贅子，贅就是入質的意思。)

以上關於奴婢的來源，雖已列擧若干事實，但這種事實，差不多都是春秋以前史書上所看不見的。

五、漢代官奴的激增　由上所述，是可以明白戰國以來私奴之發生，及漢代其數量之激增了。然則漢代的官奴究竟如何？這也是有激增的事實；因爲當時的官奴，有下列的種種來源，由此可以想到其激增的情形。

a、由輕罪人而來的。漢代的刑罰，對於輕罪人都科以作刑，卽：一歲之刑爲罰作或復作，二歲之刑爲司寇作，三歲之刑爲鬼薪或白粲，四歲之刑爲完城旦舂，五歲之刑爲髡鉗城旦舂；而其服刑期間，都是一律以之爲官奴。當時又稱之爲「徒」。

按梁氏所引用的，係讀舊儀云：『男爲戍，罰作；女爲復作，皆一歲。司寇，男爲守，女爲作。如司寇皆作二歲。鬼薪者，男當爲祠祀鬼神伐山之薪蒸也。女爲白粲者，以爲祠祀擇米也。皆作三歲，完城旦舂四歲。男髡鉗（髡是去頭髮，髡鉗是帶首環）爲城旦，（所謂城旦，就是：晝伺寇，夜築城）女爲舂，皆作五歲。』這種種刑的名稱，其意義大概可以由此瞭然罷。

惟周禮上所謂『入於罪隸，舂藁』的一種人，大概也就是指上面所說的這種輕罪人。

b、因重罪被處死刑，其家族沒於官而爲奴婢的。這種奴婢通常都黥面，並且若不遇特赦，是不得成爲良民（卽庶人）的。【註五】這種連坐法，係起自秦之商鞅，漢文帝的時候雖曾發明詔將其廢除，但事實上全漢代都實行過。【註六】當時官奴的數量之多，這實在是其主因。

c、入民納私奴於官府以贖罪，或以之買官爵，而官府也有沒收民間私奴的事實。【註七】

由以上的來源，遂使漢代的官奴激增，因之，財政上也發生了種種影響，於是對於官奴既實行某種政策，同時對於私奴施行了一種政策。

六、對於奴婢的政策　官奴主要的都是使役於官廳的工事，及其他雜役方面，並不使役於農業及其他生產的業務，所以在官廳方面，如果奴婢過多，倒是一種很大的負擔。漢書杜延年傳云：『坐官奴婢乏食，免官；』同貢禹傳云：『禹言：官奴婢十餘萬，游戲無事，稅良民以給之，宜免為庶人。』這就是證明奴隸過多，反為官府之累。因此，漢元帝的時候，就發生裁汰官奴之議，但以因襲使然，所以似未能易於實行。

反之，私奴方面的情勢如何？如前所述，權貴、大地主、及大商賈等，都是蓄有許多奴婢，並且其奴婢大都是『被服綺縠』，『奢僭無度』，在社會上又發生許多弊害，（請閱漢書霍光傳，二十二史劄記卷二，『武帝大將皆由女寵』一段，及日知錄十三『奴僕』一段。）所以從惠帝時候起，關於奴婢一事，已經加上若干限制。詳言之，就是對於商賈和奴婢，加倍課人頭稅；當時的規定，爲：『人出一算，唯賈人與奴婢倍算。』（算乃是賦算，卽人頭稅，每人每歲徵錢百二十。奴婢則加倍課之。）這就是要使蓄奴婢的家主加重負擔，以期減少奴婢的數量。然而這種政策，也並沒有表現出何種效果，所以到成帝的時候，就開始發布左列的敕詔，以漸漸禁止奴婢。詔曰：

『公卿，列侯，親屬近臣，多蓄奴婢，被服綺飾，其中敕有司，以漸禁之。』（漢書成帝本紀永始四年之詔）

至於這種詔是否發生效果，雖不瞭然，但從來的積弊却好像是不易廢除的。不久哀帝卽位，又發布敕詔，關於奴隸方面，設有一定限制，規定按爵位之高下，而許可蓄一定數的奴婢。若據漢書哀帝本紀，則：諸侯王超過二百人，列侯，公主超過百人，關內侯、吏民超過三十人者，皆沒收於縣官。但其效果之有無，也還是疑問。（按此令因奴隸所有者之貴族反對未能實行。——希聖）

由上所述，可以明白：中國的奴隸，或爲被掠賣之邊疆的蠻民，或爲中國內地的庶民，因種種事情而陷於奴婢地位的，如同印度的首陀羅一樣，並不是先天的階級區別，所以一被解放、赦免，就立卽可以恢復庶民的身分。不但如此，在前漢時代，還有由奴起而爲大官的。如霍光等就是。〔註八〕所以在兩漢時代，曾屢屢發布免奴之詔。關於官奴計有五回，卽：

1.文帝後四年，免：『官奴婢爲庶人』。

2.武帝建元元年，赦：『吳楚七國帑，輸在官者』。

3.哀帝卽位，恩詔：『命官奴婢年五十以上，免爲庶人』。

4.光武帝建武六年，詔：『王莽時吏人，沒入爲奴婢，不應舊法者，免爲庶人』。

5.安帝永初四年，詔：『諸沒入爲官奴婢者，免爲庶人』。

第一回和第五回，有的是一般的解放，有的是部分的赦免。

其次，關於私奴方面的詔敕如何？這也有左列的六回，卽：

1.高帝五年，詔：『民以饑餓自賣者，皆免爲庶人』。

2.光武帝建武二年，有：『民有嫁妻賣子，欲歸父母者，恣聽之；敢拘執，論如律！』

3.光武帝建武七年，詔：『吏人遭亂，及爲青徐賊所略，爲奴婢下妻，欲去留者，恣聽之；敢拘制不還，以賣人法從事！』

4.光武帝建武十二年，詔：『隴蜀民，被略爲奴婢，自訟者，及役吏未報，一切免爲庶人。』

5.光武帝建武十三年，詔：『益州民，自八年以來，被略爲奴婢者，皆一切免爲庶民；或依託爲人下妻，欲去者，恣聽之。拘留者，比青徐二州，以略人法從事。』

6.光武帝建武十四年，詔：『益涼二州奴婢，自八年以來，自訟在所官，一切免爲庶民，賣者無還値。』

（關於光武帝之免奴婢，請閱二十二史劄記卷四，『光武帝多免奴婢』一段。）

以上各詔中，西漢的第一回，是全部的解放；東漢的五回，都是局部的解放。

關於這些私奴所發布的詔敕的時期，及其所示的地方，都是在喪亂的時候，喪亂的場所，這是應該要注意的；因爲由此可以明白這些詔敕乃是對不法的掠賣行爲而發的。

註一　史記呂不韋列傳：『不韋家僮萬人，嫪毐家童數千人』；又留侯世家：『良家僮三百人』；貨殖列傳：『蜀卓氏富至僮千人』；漢書司馬相如傳：『臨邛多富人，卓王孫僮客八百人，程、鄭亦數百人』；又王商傳：『私奴以千數，』皆其實例。

註二　漢書賈誼傳：『今民賣僮者，爲之繡衣絲履，偏諸緣，納之閑中。』這就是說：將奴隸盛裝，以之入於閑，（即欄）而公開買賣。

註三　王褒僮約——奴隸？：『神爵三年正月十五日，資中男子王子淵，從成都安里，楊惠買夫，時戶下髯奴便了。決賈萬五千，奴從百役使，不得有異言。』其萬五千，大概是說餘錢一萬五千文。

註四　漢書司馬相如：『卓王孫分與文君僮百人，文君乃與相如，歸成都，買田宅，爲富人。』又同書鼂錯傳：『錯勸帝募民以丁奴婢贖罪，及輸奴婢欲以拜爵者：…。』『武帝募民能入奴婢，終身復爲郎增秩。』

註五　魏志毛玠傳：『漢律罪人妻子沒（沒於官）爲奴婢，黥面。今眞奴隸，祖先有罪，雖歷百世，猶有黥面。』

註六　漢文帝元年詔，有『罷收奴相坐律令』的事實。但武帝建元元年，又『詔赦吳楚七國奴輸在官者』，所以文帝的明詔，可以說在景帝的時候已經不實行了。兩漢書上，『相坐』一語，是散見各處，例如若觀安帝永初四年之詔：『制初以來，諸秩言他過，坐徙邊者，各歸本郡；其沒入官爲奴婢者，免爲庶人，』就可以知道奴坐之法，雖在後漢安帝時代，也還實行。

註七 沒收民間私奴一事，見史記平準書。

註八 請閱二十二史劄記卷二『武帝三大將皆由女寵』一段。

三

以上已略將三國以前奴婢的狀態述過，然則由魏（曹魏）晉以至唐氏，（包含唐代）奴婢的狀態究竟如何？在該時代既有如前述的私奴，【註一】也還出現二三特殊的奴隸。這就是佃客、部曲及其他。

七、佃客　佃客這種人，差不多是和農奴或佃農一樣，其起源大概是在晉初時代。文獻通考（卷十一）云：『晉武帝平吳之後，令王公以下，得蔭人，以爲衣食客及佃客：官品第一、第二者，佃客無過五十戶，三品十戶，四品七戶，五品五戶，六品三戶，七品二戶，八品，九品一戶。』又云：『東晉寓江左以來，官品第一、第二，佃客無過四十戶，每品減五戶，至第九品五戶。』所謂衣食客，大概就是食客一類，佃客乃是如上述的一種農奴或佃農；他們呼其家主為大家；並且佃客都是附籍於其大家的戶籍而免去課役，【註二】而其收獲則與大家分之。【註三】

從來的私奴和這種佃客的相異點，為：

a、從來的私奴是以「口」計，佃客則以「戶」為單位。因為他們雖然是附籍於所謂大家，但事實上卻構成一家，而和妻子兄弟等共同耕種大家的土地；換言之，就是和現在中國的佃戶一樣，而為維持獨立生計的一種人。

b、從來的私奴主要的是由於掠賣而來的，而佃客則與此相反，乃是由於「蔭」而來的。所謂蔭，就是庇蔭的意味，乃是為要倚賴大家的庇蔭，以免去課役，而自己志願投靠主家，以成為佃客的。若據文獻通考，則東晉的佃客，大多是都下之人而成為王公貴人的佃客。所謂部下，大概是指舊都。【註三】卽在後代，中國這種投靠的人，也常常散見史上；惟晉代似實爲其起源。

佃客固然是這樣發生的，但他們從屬大家是僅限於一代，還是數代連綿不絕的附屬於大家呢？晉書食貨志云：『各以品之高卑，蔭其親屬，多者及九世，少者三世；又得蔭人，以爲衣食客，佃客。』由此看來，佃客也好像是不僅限於一代的關係。

如上所述，佃客乃是以免去課役爲目的而投靠於大家的，所以到了後魏行均田法的時候，好像就沒有特意去成爲佃客的必要了；但當時究竟是否還有佃客的存在，則不能瞭然。不過卽在當時，由孝文帝太和九年的詔上，有「奴奴依良」的一種事實看來，則也似有奴婢的存在，奴婢也和良民一樣，被給有田，而佃客亦然；一直到了後代，「佃客」、「佃戶」這種名稱，也還散見於五代史及宋史中，並且其性質差不多是和上述的佃客一樣。所以由此看來，則由南北朝以至唐代，佃客大概也還是依然存在的。關於此點，等待將來再仔細調查罷。

八、部曲　部曲的這種名稱，雖也散見於日本古史，但這個地方所說的中國的部曲，並不與之相同。中國的部曲，固然也同時代的不同而有差異，並不能一律看待，但大體上都差不多是「家丁」，「私兵」；若以日本的情形來說，則和古代之家的「子郎黨」好像沒有什麼差異。

部曲這種名稱，好像是發生於後漢時代，因為已散見於三國志中，而由西晉，南北朝以至唐代尤多；在唐律中，其名稱之多，甚至不遑枚舉。惟其發生的原因，好像是和兵制及時局治亂有關，因為在兩漢時代，兵是直屬於國家，決不私屬於將帥，所以部曲這種人，沒有存在的理由；但其後邊將之輩因擁有大兵，自己進而為擁護地盤起見，養成一種「家丁」（即私兵）以為腹心，於是就產生了部曲這一種人。在三國志中，部曲這種名稱，差不多可以視為是歷史上的起始，其中魏志董卓傳云：『卓故部曲樊稠，合圍長安城；』又蜀志馬超傳云：『父騰徵為衛尉，以超領其部曲。』這些人雖都起自涼州，（今之甘肅）推部曲的發生，則實由於那種邊地的將帥開始的。其後天下大亂，人民離散，這些無職業的人民，遂爭而去應募兵，而諸將帥也就將這些人聚而為私兵，於是部曲的數量乃大大增加。魏志衛覬傳云：『關中膏腴之地，頓遭喪亂，歸者無以自業，諸將競懷，以爲部曲。郡縣貧弱，不能與爭。』這就是證明其間的實在情形。

於是由草澤之間而崛起的英雄，遂都藉這種部曲以成偉業；例如：關羽，張飛，孫權等，都是大用部曲而成功的。【註四】

由上所述，已略可以明白部曲成立的理由，但他們並不一定僅以單身成爲部曲，大概都是攜其妻子兄弟，舉家去投奔將帥的，所以將帥一遷居他地的時候，部曲也就與之同時徙居。魏志李典傳云：『典宗族，部曲三千餘家，居乘氏，（地名）……遂徙部曲，宗族萬三千餘口居鄴。』鍾會傳云：『將部曲數十家渡江。』像這種實例，是散見於三國志各處，所以由此也可以推知其他一般。

部曲和其將帥是有極密切的關係，任何外力都不能將其分離的，並且兩者的關係，好像成了父子相繼承的一樣，部曲世世代代都爲其主家服役，主家遂因此認其爲私有物。例如：蜀志馬超傳之『領父騰部曲』，吳志孫策傳之『袁術以堅部曲還策』，孫韶傳之『統父河部曲』，朱桓傳之『使子異攝領部曲』等，由此也就不難察知其他了。

當時部曲都是有一種質任【註五】的，換言之，就是和主家之間結有賣身契約的。因此，部曲是不得由其一方面的意志，隨意去破棄其契約，於是部曲的這種人，遂由法律行為，而形成中國社會上的一特殊階級。晉書武帝紀云：『秦始元年，詔復百姓徭役，罷部曲將吏長以下質任；』又云：『咸甯三年大赦，除部曲督以下質任』。質任之解除，甚至還要發布詔勅，由此也就可以想見其重大了。

如上所述，部曲乃是將帥所私有之兵，但經過六朝到了唐代的時候，因漸漸失去其軍隊的性質，於是就差不多和奴隸同樣看待了。唐律疏議鬬訟二，部曲奴婢過失殺主之部云：『部曲奴隸，是為家僕』；（卷二十二）又同書賊盜一之末云：『奴婢部曲，身繫於主』；（卷十七）由這些字句看來，就可以知道。但部曲和奴婢，其間也不是沒有差別的。唐律疏議云：『奴婢賤人，律比畜產』；（卷六）又同書卷十七云：『部曲不同資財，奴婢同資財』。由此就可以看出兩者的區別：奴婢是完全同牛馬家畜一樣，而為主家的財產；但部曲方面，到底總還是當做人類看待的。並且部曲和奴婢，在唐代的刑法上也設有區別，唐律鬬訟二上，曾規定：『諸部曲毆良人者，加凡人一等，奴婢又加一等；其良人毆傷他人部曲者，凡人一等，奴婢又減一等。』又雜律上（唐律疏議卷二十六）也規定：『諸錯認良人爲奴婢者，徒二年；爲部曲者，減一等。錯認部曲爲奴者，杖一百。』所以由此可以明白：部曲雖同爲賤民之一種，但比之普通奴隸，其階級還要稍高一等。

以上已將部曲的發生及其沿革，略略述過，然則部曲在賤民階級中，究居於何種地位？在唐代大體上是設有下列的階級：【註六】

- 人民
  - 良民
  - 賤民
    - 臨時的……隨身
    - 永久的
      - 雜戶
      - 番戶……官戶
      - 奴婢

所謂隨身，乃是根據傭僱契約的奴隸，【註七】其身分祇在契約期間，與良民有別；所謂雜戶，乃是永久的賤民中之最上級的，少府監所屬之工樂雜戶，及太常寺所屬之太常樂人等，就是這一類：他們是散配於各官司而被驅使，其中如太常樂人這一類，在州縣是有其正當的戶籍。【註八】番戶一稱爲官戶，祇屬於本司，在州縣沒有戶籍，【註九】有次於雜戶的位置；奴婢乃是最下級的，由於相坐沒官而成爲奴婢的，如上所述，是和牛馬一樣，是和主家的財產同等看待。然則部曲在這當中是屬於那一階級呢？他們大概是和官戶（即番戶）同一階級，即：屬於官司的，謂之官戶；屬於私有的，稱爲部曲。唐律鬥訟律二，關於部曲、奴婢、良人的相毆，曾有規定，由其原註之『官戶與部曲同』一語看來，可以知道：又唐書高宗紀云：『顯慶二年十二月，敕放還奴婢爲良人及部曲、客女者聽』，由此也可以明白。所謂放還奴婢，聽爲良人及部曲、客女者，【註十】大概就是表示將最下級的奴婢陞上一級，而可以爲部曲或客女的意思。

九、其他奴隸

唐代當時由沒官而成的奴婢，及前代以來所存在的奴籍，已如上述，此外也還有新得來的蠻人而使之爲奴婢的；並且其大部分都是由南方以至西南方，卽現在的福建、兩廣、湖南，貴州、雲南等地獲來的，所以當時曾稱之爲「南口」。唐書玄宗紀云：『天寶八載……其南口、請禁蜀蠻及五溪、【註十二】嶺南，夷獠之類。』又唐會要卷八十六云：『元和年敕：嶺南、黔中、福建等道，雖處遐俗，莫非吾民……公私掠賣奴婢，宜令所在長吏，切加捉搦！』：由此可以推知上述各處，乃是供給奴婢之地；而獲得的方法，係專由於掠賣，由上文也可以明白。

豪強、商賈之輩，對於這些南方來的奴婢，都當作一種財貨看待，或留作自己驅使，或將其買賣，或以之贈人；朝廷雖一方面發敕，禁止掠賣，但他方面好像又有將其當作貢品收受的事實。關於買賣贈與的證據，唐會要卷八十六有：『元和元年詔：自領南諸道，輒不得以良口餉遺販賣，及將諸處博易，又有求利之徒，以良口博馬：並敕所在長官，嚴加捉搦！』（博就是買賣，博易就是貿易之意。所謂『以良口博馬』，就是掠取良民爲奴婢，以之與馬交換之意。）此外又有：『太和二年敕：嶺南、福建、桂管、邕管、安南等道百姓，禁斷掠買餉良口！』更有：『大中九年敕：嶺南諸州貨賣男女，奸人乘之倍射其利。今後無問公私土客，一切禁斷！』由此就足以證明。

關於以奴婢充貢品一事，同書之該部分有：『大歷十四年五月詔：邕府歲貢奴婢，使其離父母之鄉，絕骨肉之戀，非仁也，宜罷之！』由此看來，則其事實之存在，也是不用疑義的。

這些南方被掠賣的奴隸中，其最多的要算是獠奴；當時公私各方，盛行畜養驅使，所在皆是獠奴，文獻通考四裔考中，述之甚詳。其言曰：『獠蓋蠻之別種，自漢中達於邛筰山谷之間，所在皆有。遞相劫掠，不避親戚，賣如猪狗。……被縛者即爲賤隸，不敢更稱良……後周武帝平梁益，每歲出兵，獲其生口，以充賤隸，謂之壓獠；商旅往來者，亦資以爲貨；公卿逮於庶人之家，有獠口多矣。』所謂獠奴，獠大慨是指玀玀族。(Lolos)現在中國四川省建昌之山谷，及雲南、廣西等處尙存在的玀玀族，也書作獠。若觀杜子美的詩中之獠奴阿段一詩，則唐代大概曾普遍使用這種奴隸。再一觀范大成之桂海虞志，志蠻族之部，有：

『以攻剽山獠及博買嫁娶所得生口男女相配，給田使耕。』由此可以看出：即在宋代，這種奴隸在現在的廣西省方面，也會被掠賣，而爲該地地主驅使於農事。

此外唐代——宋代尤多——還有一種崑崙奴，係從南洋方面供給中國的。崑崙是否是指法領印度支那之崑崙島（Pulo Condor）？抑爲南洋方面之帶有赭顏或黑色種族的汎稱？這一點雖不能明瞭，但南史上有：『自林邑以南，皆拳髮黑身，通號爲崑崙。』（據辭源之引用文）因此，所謂崑崙奴，恐怕不過是一種漫然的汎稱。這種崑崙奴在廣東畜養使役最多，並且據說這種奴雖入水中，目亦不眩；（見朱或之萍洲可談）由此看來，或者可以說是和廣東及其他蛋民同樣，而爲馬來種族。

唐代除以上由南方得來的奴隸外，還畜養有西北邊疆之突厥奴、吐蕃奴、回鶻奴〔註十二〕而在東北之登州、萊州等處，即今之山東一帶，則盛行販賣新羅奴，〔註十三〕這都是由史書所示而明白的。

惟唐代乃是中國最優勝的時代，當時因擴張疆域於四方，和各種蠻夷戎狄相接觸，所以掠賣這些種族爲奴隸，可以說是自然發生的事情；而唐代奴隸除上述之沒於官的罪隸，及前代以來所存在的奴籍外，這些邊疆掠賣的奴隸，其數實多。

註一　史書中所謂奴婢的這種人甚多。

註二　文獻通考卷十一：「東晉寓居江左以來，都下人多爲諸王　公、貴人左右、佃客、典計、衣食客之類，無課役……其佃穀皆與大家量分」。

註三　請閱註二。

註四　蜀志關羽、張飛傳：「先主以羽飛爲別部司馬，分統部曲。」吳志孫權傳：「賜部曲，整頓行陣。」

註五　所謂質任，質卽周禮所謂「質劑」，任卽保證之意，就是中國現代所謂甘結的意味。因此，在這種場合，祇能解作賣身契約。

註六　唐書職官志：「凡反逆相坐，沒其家，爲官奴婢；一免爲番戶，再免爲雜戶，三免爲良民。」因此，可以明白：雜戶、番戶、奴婢乃是三種階級，而雜戶爲上，番戶爲中，奴隸爲最下。又關於番戶方面，唐會要原註（據梁啓超氏所引用的）：「諸律、令、格式，有言官戶者，是番戶之總號，非謂別有一色。」因此，可以皆道：番戶和官戶，係同一種類。

註七　唐律疏議卷二十五註：「隨身之與部曲，色目略同」；又卷二之釋文：「二面斷約年年月賃人指使，爲隨身」。由此，可以知道：隨身乃是根據傭僱契約的奴婢，因爲和部曲色目略同，所以在契約期間，是當做賤民看待。

註八　唐疏議卷三：「雜戶者：謂前代以來，配隸諸司，職掌，課役不同百姓。依令老免進丁受田，依百姓例。」同卷三「工樂雜戶」一段上：工樂者：工屬少府，樂屬太常，並不貫州縣。雜戶者：教屬諸司上下，前已釋訖。太常音聲人：謂太常作樂者，元與工樂不殊。俱是配隸之色，不屬州、縣，唯屬太常。義甯（隋末年號）以來，得於州附貫依舊。」

註九　同上，其文曰：「官戶者：謂前代以來配隸相生，或有今朝配設，州縣無貫，唯屬本司」。

註十　唐律疏議卷十三：「客女謂部曲之女，或有於他處轉得，或放婢爲之。」又同卷二十二之釋文：「婢經放爲良，無出妻者，名爲客女。」客女和部曲之妻並不同類，這在唐律疏議中，將部曲妻和客女兩者，各別舉出的一點上，也可以知之。結局，可以說：部曲之女，乃是客女；又婢被解放而提陞一級，並成爲部曲之妻

(部曲之妻乃是良人之女，或客女而嫁於部曲的)而又被出——離婚——者，則稱爲客女。

註十一　所謂蜀蠻，乃是四川方面的蠻子，獠獠之類；五溪蠻，大概就是現在棲住於湖南省沅江流域的苗猺。

註十二　唐會要卷八十六：『大中元年勅：西北緣邊州縣，不得畜突厥奴婢』；又：『大中五年勅：邊上諸州鎮，送到投來吐蕃、回鶻奴婢等，並配領外，不得隸內地。』

註十三　同上：『長慶元年，薛華奏：有海賊，詃(註曰詐之意)掠新羅良口，將到登萊州界及緣海諸道，賣爲奴婢，請所在，嚴加捉搦！』又：『太和二年勅：海賊詃掠新羅良口，雖有明勅，尙未止絕。』

四

以上已將唐以前奴隸的情形，(一部分雖也說到宋代)略加敍述，以下更述及唐以後以至元代奴隸的情形。

九、俘虜和奴隸　將戰爭上所捕獲的俘虜，及所捕捉的戰敗者所屬之良民充作奴隸，中國在古代是屢屢實行的；在古秦漢時代，匈奴一來內侵的時候，中國的畜產固不待言，卽良民也有被掠去的事實。當五胡之亂的時候，他們雖互以攻伐爲事，但他們大概都已久居中國內地，已相當中國化，所以他們取地建國之後，也祇不過是以中國人爲其人民，好像並不曾敢特意將其捕獲而使之爲奴隸。但到南北朝就與此相反，當北朝（卽拓跋魏）南下，侵掠南朝之地的時候，尤其是當江陵（今之湖北省荊州）之戰的時候，曾將其所俘獲的士民盡充爲官奴，甚至不問所俘者之貴賤。而中國士大夫階級之淪落以至爲賤隸，恐怕也就是以這個時候爲發端。北魏雖曾以俘囚爲官奴，但到了北周（宇文周）的時候，就將其解放而使之爲庶民，這是史書所明白指示的。〔註二〕

唐以後，遼掩有中國的北部，不久金又代之，在這中間，有許多渤海人、高麗人、以至宋人，都成了俘虜，屢次的成爲奴隸了。關於遼的方面，若試舉其例，則續文獻通考卷十四有：『遼太宗天顯五年，以所俘渤海戶賜魯呼等』；又：『聖宗統和四年，以伐宋所俘生口，賜皇族及乳母』；更有：『二十九年，以伐高麗所俘人分置陵廟，餘分賜內戚大臣』等事實。

金代也有和此相同的事實。尤其當靖康之變（金軍南下，陷宋都汴京，徽宗及其他俱成爲俘虜的大事變。）的時候，上自帝王子孫，王公貴人，下至庶民，多成金之俘虜，而有成爲賤隸的一種極悲慘的史實。洪邁之容齋隨筆卷三，題爲『北狄俘虜之苦』云：『元魏破江陵，盡以所俘士民爲奴，無問貴賤。蓋北方夷俗皆然也。自靖康之後，陷於金虜者，帝子王孫，宦門、士族之家，盡沒爲奴婢，使供作務。每人一月支稗子五斗，令自舂爲米，得一斗八升，用爲餱糧。歲支麻五把，令緝爲裘。此外無一錢、一帛之入。男子不能緝者，則終歲裸體；虜或哀之，則使執爨。雖時負火得暖氣，然纔出外，取柴歸，再坐火邊，皮肉卽脫落，不日輒死。惟喜有手藝，如醫人、繡工之類，尋常只團坐地上，以敗席或蘆，藉襯之。遇客至，開筵引能樂者，使奏技；酒闌客散，各復其初，依舊環坐刺繡，任其死生，視如草芥。』其痛苦萬狀的情形，描寫入骨。

及至蒙古勃興，蒙古諸將，固不待言，卽隨從蒙古的漢人諸將，當其戰爭的時候，或在塞外，或在西域，或在中國內地，也都俘獲良民子女，而以之爲私家奴隸，其所生的男女，也是一樣的使役，而稱之爲「家生兒」。家生兒就是說世襲的奴婢。試觀陶南邨（陶儀）的輟耕隸下卷，其『奴隸』的標題之下云：『今蒙古色目人之臧獲，男曰奴，女曰婢，總曰驅口。蓋國初平定諸國日，以俘到男女，匹配爲夫婦，而所生子孫，永爲奴婢。又有曰紅契買到者，則其元主，轉賣於人，立劵投稅者是也。故買良爲驅（註驅口）者，有禁。又有陪送者，則標撥隨女出嫁者是也。奴婢男女，止可互相婚嫁，例不許聘娶良家。若良家願娶其女者聽。然奴或致富，主利其財，則俟少有過犯，杖而錮之，席捲而去，名曰抄估。亦有自願納其財，以求脫免奴籍，則主署執憑付之，名曰放良。刑律：私宰牛馬，杖一百；毆死驅口，比常人減死一等，杖一百七，所以視奴婢與牛馬無異。……今之奴婢，其父祖初無罪惡，而世不可逃，亦可痛已！又奴婢所生子，亦曰家生兒。按漢書陳勝傳：秦令少府章邯，免驪山徒人，奴產子。師古曰：奴產子，猶家生奴也。則家生兒亦有所據。』由此看來，可以知道：元代的奴隸，並不一定祇是中國人，其他西域、塞外諸國，也有成爲俘囚的；而奴婢之買賣爲當時所公認，由立劵投稅以付給紅契（捺官印的契約書）於買主的這種事實，也可瞭然。

再根據元史：則中國良民在戰爭的時候，被元諸將所俘獲的，有時候竟達數千以至數萬之多；這些人之或使役於家內勞働，或從事於農業等事，元史上記之頗詳，【註二】此處不必一一列舉。

元代諸將這樣的蓄養了許多由俘囚而來的奴隸，朝廷當初（燕京定鼎以前就已開始）雖曾屢發明令，對於此事加以禁止，【註三】但亦未易將此惡弊除去。而且在蒙古人的游牧民方面，當戰爭的時候，將俘獲的良民作其所有，以之爲自己的奴婢一事，不僅是屬於當然應有的事項，就是到了他們稍覺其非，朝廷對此也曾發布禁令的時候，但綱紀廢弛的元廷，其命令也不能及於王公及其他權貴，因此，這種惡弊還依然上下盛行，不僅是上自貴族階級，即下至一般民間，也都實行蓄奴；至於江南豪戶，則蓄養的奴婢尤其更多，這由續文獻通考（卷十四）上所示的，可以明白。其文曰：『元武宗至大二年十月，樂實奏言：江南富室有蔽占王民奴使者，動輒百千家，有多至萬家者，可增其賦稅，』由此，就可推知其他一般。而中國奴隸史上，在唐宋以後，關於奴隸制度，雖已漸上改良之途，但經過遼、金及元，這種弊風遂又復熾。

註一　文獻通考卷十一戶口考：『周武帝天和元年詔：江陵人，年六十五以上爲官奴婢者，已令放免。其公私奴婢，年七十以外者，所在官私贖爲庶人。建德元年又詔：江陵所俘獲俘虜，充官口者，悉免爲百姓。』

註二　若據梁啓超氏所引用的，此處舉其數例，則元史中：

(1)張雄飛傳：『前阿爾哈雅，行省荊湖，以降民三千八百戶，沒入爲家奴，自置吏治之。歲收其租賦，有司莫敢問。』

(2)世祖本紀：『至元十七年詔：覈阿爾哈雅呼圖克特穆爾等，所俘三萬二千餘人，並放爲民！』

(3)宋子貞傳：『東平將校，占民爲部曲戶，謂之脚寨，擅其賦役，幾百所，子貞悉罷歸州縣。』

(4)張德輝傳：『兵後孱民，依庇豪右，歲久掩爲家奴。德輝爲河南宣撫使，悉遣爲民。』

(5)雷膺傳：『江南新附，諸將往往強籍新民爲奴隸。膺爲湖北提刑按察副使，出令爲民者數千』。

(6)王利用傳：『都元帥塔爾海，抑巫山數百口爲奴。利用爲提刑按察使出之。』

(7)袁裕傳：『南京總管劉克興，掠良民爲奴隸。後獲罪，裕籍其家奴得爲民者數百。』

由此，就足可以知道元代良民被俘而成爲奴隸之多了。

註三　元史耶律楚材傳：『太宗元年，籍中原民。時將、相大臣有所驅獲，往往寄留諸郡。楚材因括戶口，並令爲民，匿占者死。』太宗本紀：『十二年籍諸王大臣所俘男女爲民。』以上之外，廉希傳也有：『至元十二年，希憲行省荊南，令凡俘獲之人，敢殺者，以故殺平民論；有立契券、質妻子者，重其罪，仍沒其值。』世祖本紀也有：『至元二十年，禁權勢沒入口爲奴，及黥面者。』由此，就可以知道蒙古將相大臣等之如何俘獲良民爲奴婢，及其中對於奴婢之施行黥面，同時，也就可以看出朝廷之如何努力加以禁止等的事實了。

五

明、清時代，奴隸固也盛行，但却沒有如元代所俘獲者之多。不待說，明、清兩代當戰爭的時候，也並不是完全沒有將俘虜充作奴隸的。【註一】

十、明代奴隸之橫暴　不一定祇限於明代，卽在漢代，也有奴隸暴橫的事實，關於此點，前面已略說及；【註二】但在明代，奴隸（當時俗稱爲家人）驕傲，甚至主人反爲其所左右。顧炎武在日知錄卷十三之「奴僕」一段上，述敍明末的奴隸狀態道：『今江南士大夫，多有此風，一登士籍，此輩競來門下，謂之投靠，多者亦至數千人。而其用事之人，則主人之起居、食息、以至於出處、語默，無一不受其節制。有甘於毀名、喪節而不顧者，奴者主之，主者奴之。嗟呼！此六逆之所由來矣！』

顧炎武將奴者反左右主人的情狀舉出之後，更將嚴分宜（相國嚴嵩）之僕永年（號鶴坡），張江陵之僕游守禮（號楚賓）等，不但敢行招權納賄的惡弊，朝中士大夫竟也贈此輩以詩文，待之以縉紳賓主之禮的事實，加以指摘，而嘆道：『名號之辱，文章之辱，至斯而甚！異日媚閹建祠，非此爲之嚆矢乎？』他最後更高呼奴婢的解放以爲結束道：『有王者起，當悉免爲良，以實遠方空虛之地，士大夫之家所用僕役，並令出貲雇募，如江北之例，則豪橫一淸，而四鄉之民，得以安枕；其爲士大夫者，亦不受制於人，可以勉而爲善，訟簡風淳，其必自此始矣。』

其次，淸初的時候，卽滿人崛起滿州的當初，他們在侵入直隸、山西、或山東的時候，也曾往往刼掠良民爲奴隸。但事實所傳的至少，其眞相殊不瞭然。又康熙時代，在江南地方，曾發生一種「奴變」的事件，縉紳之家罹其禍極烈；惟其事實因歷史上不曾傳說，此處不能加以敍述，頗爲遺憾。不過淸代至少在順治入關以後，因其政治頗爲穩健，綱紀亦相當嚴正，所以關於奴隸方面，並不如元代的那種殘酷，而刼掠良民爲奴隸的這種事情，也差不多不曾發生。但當時當然也有奴隸的存在，同時，又還有一種特殊階級，而這種階級在某一方面，其性質也稍稍類似奴隸。

十一、淸代的奴婢　如上所述，淸代也是有奴隸的存在，其一：乃是漢民族間從來所實行的由於賣身契約而成的奴隸；其他：一種乃是滿洲的包衣（Boi），一種是由於犯罪而成爲奴隸的。

甲、由賣身契約而成爲奴隸，在沒有被解放以前，不但自己一生不能脫免奴隸的地位，其所生的子女也是和從來一樣，稱爲家生兒而服役於主家，不得不世代爲奴隸。據我們實際上在中國所耳聞目睹的，則：主家對於賣身契約的奴隸，也是爲之從他方求得配偶，使之成爲夫婦，於主家邸內，給以一隅的住所；於是對其所生之子，又採取同樣的方法，以世襲的將其使用，而稱之爲家人；所謂家人，仍是要稱主家之姓的。在女子方面，若是同樣由賣身契約而成了婢，其容貌秀麗者，也往往實質上登於主人之妾的地位；——名稱如此——而仁慈的主家，也有許多場合，等她（婢）達到相當年齡的時候，就爲她求婚家而將其出嫁，或爲她求配偶以使役夫婦二者，而將其所生之子仍作爲家生兒驅使；其中也有使她一生獨身，而使役於主家的。他們的身分已經是奴隸，所以通常都不能和自由民同樣，可以受官的考試而就官宦之途；〔註三〕但在清代中，其中也往往有一種例外，雖出身奴隸而有走上官途的。【註四】

在清代奴婢中，也還有由典身契約而成爲奴婢的。所謂典身，就是一時的將其身質入，若一旦贖身，就可以立即成爲良民；這是不待多言的。賣身的方面，固然也可以由贖身而獲得解放，但和典身之間，多少總可以看出一點差異。

再則，婢而因主人舉子的場合，規其所生之子，就從父爲良民，這乃是清代（元代以後的習慣）所實行的。

乙、所謂包衣（Boi），乃是滿洲語的奴隸的意義，而爲滿洲的一種世僕；這種世僕是或服役於宮廷，或使役於王公。他們的身分固然是奴隸，主僕的名分固然是存立了，但他們却能夠去應考試，被許可入官途。並且在當初，凡包衣出身的，雖位達極品，——最高品級——還依然要執主僕之禮；到了後年，凡包衣出身而昇官至三品以上者，可能除去包衣之籍，而成爲普通的滿洲族人。

丙、罪隸，因罪而成爲奴隸的，就是所謂『發滿洲披甲人爲奴』的一種人，在大清律例，及刑案彙覽中，其例頗多。當然也不祇是將他們送到吉林、黑龍江等處，也有將他們押送到新疆及其他邊陲之地的；他們在黑龍江省，則爲達呼里人及其他蠻夷之家的蠻人所驅使，在吉黑兩省及新疆等處，則也有將其使役於軍隊，或充作戍邊的，換言之，就是屬於官奴的一種。

十二、特殊階級　清代（現在也是如此）中的庶民之下，還有種種特殊階級；稱這階級爲奴隸，當然是有不當之處，但在某一方面，這些人也有類似奴隸之點，所以現在將其列入敘述。所謂特殊階級，就是：樂戶、伴當、世僕、丐戶、墮民（惰民）、畲戶、蜑戶、九姓漁戶等。

a. 樂戶　又稱樂籍。這乃是山西、陝西等省的特殊階級，如樂戶二字所示，主要的是從事於下級的歌唱，及以其他種種賤業爲生的。樂戶的起源雖不明瞭，但觀魏書的刑法志上之有沒罪人妻女於官而爲樂戶的這種事實，也就可以明白他們已有相當古的歷史，例如唐代就曾有過這種樂戶，前面已經敍及了。但淸代的樂戶，據說乃是當明建文帝時，永樂帝南下，追逐建文帝而篡奪其帝位，因有許多人不附永樂而被編爲樂籍的。前淸雍正元年，曾發上諭，將這些樂戶一律解放而成了良民。【註六】關於此事，請再閱墮民一項。

b. 伴當及世僕　安徽舊徽州府所屬各縣有伴當，舊甯國府所屬地方有世僕，這兩種人在該地方都呼爲「細民」。其起源雖不能明白，但他們自古以來，當民間有婚喪等事的時候，通常都要來爲庶民執役；有時候甚至兩姓丁戶村莊雖然相等，而此姓的人還要成爲彼姓的世僕、伴當，爲之服役，若稍有不適意的時候，也有加之以夏楚的事實。這也是在前淸雍正五年，由上諭解放而爲庶民；【註七】乾隆六年的上諭，更將關於考試的事項規定了，關於此點，詳述於墮民一節。

c.丐戶　江蘇省舊蘇州府屬之常熟、昭文二縣，從來就有丐戶（卽丐籍）這一種人。這也是和前述的樂戶爲同類，其起源並不明白。但由丐戶二字看來，他們也許是乞丐的子孫。這也於雍正八年解放了，【註八】乾隆三十六年，並規定了准於應試的事項。

d.墮民　一書爲惰民，乃是浙江省之紹興、甯波等地的特殊階級，其數據說約達數萬。關於墮民的起源有兩說：其一，是說當南宋之初，金兵南下的時候，宋將焦光瓚，率所部降之。金兵退後，宋人以其降服爲恥，乃貶其衆爲賤民。其他，是說當明之初，明兵俘獲陳友諒的部族的時候，曾將該部族編爲丐戶。【註九】這一族的男子，大都成爲吹手歌唱，（吹笛、喇叭等而歌唱的人）以至鄉村的演戲役者，其稍稍屬於良善的人，則以賣物爲業；至婦女則成爲所謂喜娘•（俗稱老嫚）所謂喜娘，一稱爲喜婆或送娘子，民間有婚禮的時候，他就隨侍新娘，而爲其化粧梳髮；她立侍房闥，據說就恰和婢女一樣，通常都待新郎新婦入洞房就寢的時候，始行出來。這種人是善能迎合人意，長於窺察人的性情，並且服役於主家，大概都是永久的，正恰如佃農之對於地主一樣，是不能夠隨意改屬；主家若不要她的時候，就可以將她轉賣於他家，彼此買賣，據說都一律用契約書。她們當婚嫁、祭祀的時候，都要爲其主家執役；據說她們是常常以說媒、古良等的買賣爲業。在甯波這個地方，這種婦女通常都稱爲送娘子，也是同爲墮民，其頭和普通婦女不同；她們外出的時候，不問晴雨，都必須持傘，（這一點也是和普通婦女不同）衣服皆用黑色。

大凡舉甯紹兩府所屬之地，自城鎮以至鄉野，都有這種墮民，他們祇與其同類同居，而相率爲部落，平民中雖如轎伕及其他賤役者，也不與此等墮民爲伍，決不與之通婚；而他方面，墮民也是從來就不能和普通人民執同種的事業。前清雍正時代，雖曾以上諭將其解放，而使之同爲庶民，但他們所從事的職業，還依然是卑賤，和從前仍無差別。到乾隆三十六年的時候，又復發上諭，使他們也和樂戶、伴當、世僕等同時改業，而在他們改業之後，並設定了一種規制，凡其本族親友四世親白（所謂清白，即不從事賤業，而從事正當事業之意）者，皆得受考試，就官途。換言之，就是規定：本人脫籍之後，或直系一二世之間，以至近親中之伯叔姑姊之間，若有從事於卑賤之業的人，其子孫就不得為士類；反之，若沒有從事賤業的人，就能夠去應考試。因此，雖到以後，階級還依然沒有打破；一直到光緒末年，才有志為他們的子弟，在甯波設立育才學堂，在紹興也設立同仁學堂，使他們的子弟於卒業之後，從事於正當的事業；惟同仁學堂中途廢校，育才學堂改為甲種工業學校之後，雖依然繼續，但現狀如何，則不得而知。墮民即在現在，還當然可以認為是形成一種特殊階級。（註十）

。九姓漁戶　一稱為江山船。這元屬於浙江省建德縣的特殊階級，往來於錢塘江上，而以船為家。起初明太祖滅陳友諒的時候，據說曾俘囚其子孫及他族共九族，而使之成為船上的生活者；他們是和前述的樂戶同樣，而為賤民之一種，不齒於齊民。所謂九姓，就是：陳、錢、林、李、袁、孫、葉、許、何九姓，元編之為伏、仁、義、禮、智、信、捕的七種字號；他們共有大小船隻數千，男丁每歲課漁銀五分，（即漁業稅，為兩的百分之五）婦女每一名徵收銀四分一厘，並作成簿籍，而記入其名。船有菱白，頭亭兩種，粧飾都極精雅；家族皆住船上，習絲絃、音曲，以供乘客酒席之娛。船也有同年嫂，同年妹等的名稱，所謂同年，據說是桐嚴二字之訛，都是由地名而來的。他們在從杭州到衢州的水程六百華里之間，操船隻以迎送乘客；往時富商大官旅行的時候，大都擇乘這種船隻，傳說船價雖高，但却可以恣行管絃酒食之娛。往時浙江並無官娼，祇有類似官妓的這種江山船。九姓漁戶雖如此久在賤籍，但同治五年，嚴州知府戴槃，曾請上官免其賦稅，禁止婦女為娼，於是其後遂將九姓漁戶的住處置於州縣的管轄之下，而屬於建德一縣給與鑑札一事，亦復使之廢除；同時依照前述的乾隆三十六年的上諭，其改業者若四代清白，就可以受考試，入官途。但據說他們現在還依然有大部分是從事於賤業的。【註十二】

f. 蜑戶、畬戶等　以上之外，特殊階級中，雖還有廣東，福建兩省之蜑戶，浙江、福建兩省境界地方之畬民，但關於這些階級，現在都一概省略。

十三、廣東的世僕　如上所述，清代的特殊階級，在法規上雖已一律解放，而和普通人民無異了，但在事實上，因因襲已久，所以現在階級上的區別，還依然是嚴格的存在着。下面根據梁啓超氏所指示的，試將氏之鄉里廣東省新會縣的世僕的實況，加以敍述。氏曰：

『我鄉有所謂世僕者。龔姓世僕雖爲我梁姓之公僕；但其由來則茫然不明。其身分上之特異點：（一）他們不得與梁姓婚嫁，——其他世僕亦同，彼等之結婚，均限於各鄉的世僕之間；（二）不得受試驗而入官途；（三）不得穿白襪之三點。又其職務：（一）梁家之祠堂及祭祀，他們必須出而勞働；（二）梁姓各家若有吉凶等事，他們亦必須前往勞働。在這種種情況之下，因報酬頗豐，故他們之生活並非不良。……依照乾隆三十六年的上諭，此等世僕在法規上也當然和其他一般良民同樣，卽應成爲庶民，但積習既久，故現在階級的區別，尙未能容易廢除。』（由日譯轉譯）

及至清末，如後所述，曾禁止爾後實行人身買賣，但在清末以前，私家之奴（男）雖幾將絕跡，而婢女方面，民間還依然實行。——男子方面，亦間有由買賣而成奴的，尤其是在飢饉等的場合實行。

註一　顧炎武之日知錄第十三，「奴僕」一項：『太祖數涼國公藍玉之罪，亦曰家奴至於數百。』藍玉爲一武將，其奴隸大概是俘獲而來的。又據皇朝通考卷二十所載的乾隆帝之上諭云：『國初俘獲之人，年分已遠，及印契所買奴僕之中，有盛京帶來，帶地投充之人，係旗人轉相售賣者，均應開戶……』這就是清初也存有俘獲的奴僕之一證。

註二　請閱東亞經濟研究第十三卷第四號拙文，一三〇頁。

註三　若據清律，則一旦由賣身而成了奴隸，雖贖身爲良民，但若不經過子孫三代以後，是規定不得受考試的。

註四　清稗類鈔，奴婢類中有題爲『大姓買僕』一文，云：『徽州之汪氏、吳氏，桐城之姚氏、張氏、馬氏，皆大姓也。恆買僕，或使營運，或使耕鑿，積有資，即不與家僮共執賤役。其子弟讀書進取，或納貲入官，主不禁之；惟既已賣身，例從主姓，及顯達，即不稱主僕，而呼主爲叔矣。蓋同姓不婚，杜後日連姻之弊也。』這就是表示雖奴隸中，也有能蓄積資財，得昇於顯耀地位的人。又奴婢出身而作官的實例，同書同類中在「孫子未幼爲青衣」的標題之下，云：『孫蕙，字子未，幼孤貧，鬻於某家，爲青衣；性聰穎，嘗伴主人之子讀書，代其作文，塾師大奇之，告知主人，養爲己子，遂中康熙己丑進士，官至通政司參議。文名重時。」

註五　辭源樂戶一項。

註六　皇朝通考卷十九。

註七　同上。

註八　同上。

註九　北京高等師範學校地理教授白月恆氏編「民國地誌」總論之部，第四章人文地理，第一節漢族，五——六頁。

註十　同上。並參照清稗類鈔，奴婢類，喜婆及送嫁子一項。

註十一　前記民國地誌，同上六——七頁。

六

十四、奴婢與刑罰　關於奴婢的身分及待遇，中國歷代法制中雖有種種變遷，但現在不能詳述。以下若舉一二三實例，先觀對於奴婢的處罰如何，則關於漢代方面，漢律雖已遺失，其規定如何，現在不得而知，但武帝之時，董仲舒曾建議：『宜去奴婢，除專之威』，（漢書食貨志）所以由此也就可以察知當時主人對於奴婢，是可以隨便殺傷。不待說，在漢代中，董仲舒的這種建議也沒有實行就終結了，但到了後漢光武帝的時候，就開始對於奴婢發布了有利的敕詔。建武十一年三月，帝詔曰：『天地之性，人爲貴，其殺奴婢，不得減罪。』（後漢書光武紀）同年八月又詔：『敢炙灼奴婢，論如律！免所炙灼爲庶民。』同年十月更詔：『除奴婢射傷人棄市律。』據這些詔看來，就可以明白：在此以前，良民雖炙灼奴婢，也不敢論罪，而奴婢方面，若誤傷人，就要處以棄於市的極刑；帝因鑑於這種情形，是非常殘忍非道，所以才廢除這種種野蠻的習慣。我們雖不敢斷言中國在這個時候，就已有所謂『人格』觀念的存在，但敢說這種詔敕之發布，乃是前漢以來儒教漸盛的結果。後漢一代，大概說來，其刑罰是合理的，奴婢的數量也比較的減少，而對於奴婢的待遇亦似良好。

三國以至南北朝時代，固不待言，即至唐代，『人格觀念』——假使可以這樣說——比之後漢時代，也甯說是退化的，〔註一〕關於奴婢的身分及待遇，也都大大的變壞了。如前面所已引用的，唐律疏議中有所謂『奴婢比畜產』，『奴婢比資財』等的字句，就是將奴婢和資財及牛馬等同樣看待；只不過限於殺害奴婢的場合，附加了『諸奴婢有罪，其主不請官而殺者，杖一百。無罪而殺者徒一年。過失殺者勿論』（唐律疏議卷二十二）的這種輕輕的制裁，所以由此也就不難察知唐代對於奴婢是如何看待了。在唐代中，不待說，良民和賤隸的身分是嚴然區分着，因此，關於犯罪的規定，也是以良賤不平等爲原則，不單是主人及親族殺傷奴隸的場合，僅處以很輕的刑罰，即在甲良民殺傷乙家奴婢的場合，比之殺傷其他良民的行爲，通常也都是失之過輕。〔註二〕反之，在奴婢方面，其對於良民的殺傷，則被處很重的刑罪，唐律中之關於奴婢對主人謀殺未遂，及毆打致傷等，皆處以死刑。其規定有：『諸部曲、奴婢，謀殺主者，皆斬。謀殺主之期親及外祖父母者絞。已傷者皆斬。』（卷十七）又規定：『諸部曲、奴婢，過失殺主者絞；即毆主之期親及外祖父母者絞，已傷者皆斬，詈者徒二年。』由此就可以知道：雖過失殺主，亦被處絞罪，僅毆打主人之期親及外祖父母，也是同樣的被處絞刑，在致傷的場合，則處以斬罪，雖詈罵小過，亦處徒刑二年，可知奴婢之如何苦於重刑的情形了。

這種律文，雖爲宋、元、明、清歷代所因襲，但若據明、清律的規定，則只主人別論，其他良民毆殺他人的奴婢，或故殺的場合，是皆處以絞罪。這乃是漸漸的依照了後漢光武帝詔敕的規定。及至民國以後，律文中對於奴隸犯罪的加等，常人對奴婢犯罪的減等的各種傳文，大抵削除之後，才漸漸的樹立了國民平等的原則。

十五、奴婢的身分與婚姻　　奴婢身分之爲世襲的，觀前述的『家生兒』的這種人的存在，也就可以知道。惟奴隸身分爲世襲的這種事實，大概是由禁止奴隸和良民結婚，僅使賤隸和賤隸之間結婚的一種習慣而來的。在古代的時候，賤良的正式結婚，固然是不被許可，就是假使兩者已經結婚，則也要將他們的身分降低；【註三】又有一種習慣，就是婢和良民易子之間所生之子，其子也決不能取得良民的身分。【註四】父雖良民，母爲賤隸的場合之子，依然不得成爲良民的這種規定，在中國一直到唐、宋時代，都曾實行；在朝鮮方面，也從來就設有這種規定。

在唐代中，奴婢和良民通婚，是絕對禁止的。唐律中『奴娶良人爲妻』的一條上，曾規定：『諸與奴娶良人女者，徒一年半，女家減一等，離之。其奴自娶者，亦如之。主知情者，杖一百。……卽妄以奴婢爲良人，爲夫妻者，徒二年，各還正之。』（戶婚律）又『雜戶不得娶良人』一條上，也規定：『諸雜戶不得與良人爲婚，違者杖一百。官戶娶良人者，亦如之。良人娶官婦者，加二等。』惟所以要使罪隸方面的罪輕，使良民方面的罪重者，大概是由於良民往往娶賤隸之女爲妻妾，以汚辱其身分的人過多的結果罷。

及至元代，上述的規定雖已大大和緩，而規定若父女有一方是良民的場合，則其所生之子就得爲良民，【註五】但父母兩者都是賤隸的場合，則其所生之子固依然是奴隸，而所謂『家生子』的這種規制，當時也還是依然存在，而實行一種奴隸身分的世襲制，這已在前面述過了。

到了淸代，關於其所生之子，就採取了父系主義，父若是良民，則母雖賤婢，其子就當然從父而得爲良民；因此，婢和妾二字，遂相互成爲熟字，而往往用於同一意義，其所生之子，則認爲父之庶子；但家生子的制度，還依然存在。尤其在滿洲人方面，因從來主僕的名分極其嚴格，所以雖在滿淸帝室奠都北京之後，他還是堅守這種名分，且同時也及於滿人方面，戶部則卷三規定云：『凡漢人家奴，若家生、若印契買、若雍正十三年以前白契所買，以及投靠養育年久，或婢女招配生者，俱照八旗之例，子孫永遠服役。』但已如前述，這些規定由淸末以至民國，都已一律剷去，奴婢的身分已經是和庶民同樣了。

十六、奴婢身分的解除　奴隸的身分古來是如何解除的？這徵之歷史的實例及法規所示，似由於左列的方法：

(1)由於年齡上的官奴婢之解放　周禮厲人上云：『凡七十者，未齔者，不爲奴。』這就是表示古代的規則，凡七十以上的老齡，及未齔的幼兒，即假定犯罪，也不得使之爲奴隸。關於後代的事實，文獻通考（卷十二）上有：『漢武帝卽位。詔：官奴婢五十以上，免爲庶人』，這就是表示漢代的事實；又有：『周武帝天和元年詔：江陵人，年六十五以上為官奴婢者，令放免』；更有：『唐顯慶二年敕：官奴婢年六十以上，及廢疾者，並免賤』，這就是表明後代的事實。像這種事實，歷史上還非常之多，現在從略。

（2）由政府恩免之官奴婢的解放　北周建德六年，平齊，曾詔：『凡諸雜戶，悉放為百姓』，而實行恩免，又如前所述的前清雍正、乾隆時代，曾實行解放樂戶及其他賤隸一事，都是其顯著的實例；但這幾種場合，實在說來，乃是解放一種特殊階級，他們因為祇是名分上有不齒於庶民的身份，並不是直接使役於官府者，所以這種人的解放，是比較的容易；唐制則與此相反，而實行階段的解放賤隸。卽如前所舉的實例，乃是『官奴婢，一免為番戶，再免為雜戶，三免為庶人』，這樣解放的；不過唐代之所以採取這種方法，大概是因為他們這種賤隸從來是久為官養，若突然解放，反使他們失去生活之途，而加以考慮的結果罷。因此，到了民國，對於前清帝室從來所久養的許多太監（宦官），急遽的加以解放一事，究竟是否能稱為恩免，或反為虐待，倒是不容易判定的。

（3）由政府勒免之私奴婢的解放　以上所舉，乃是官奴婢或特殊階級的解放，私奴方面更是如何呢？關於此層，有政府强制其本主而實行解放的，和本主自動的實行解放的兩種場合。若先述前者，則如漢書高祖紀，五年詔：『民有饑餓自賣爲人奴婢者，皆免爲庶人』，又如後漢光武紀，建武二年五月詔：『民有嫁妻賣子，欲歸父母者，悉聽之，敢拘執，論如律！』即其實例。像這種政府勒免的實例，歷史上還多，〔註六〕現在不必一一列舉。

（4）由本主自己所實行之私奴婢的解放　私奴婢的解放，有由於奴婢自己贖身而解放的場合，和主人以恩惠而實行放免的場合兩種。唐律疏議（卷十二）云：『依戶令，放奴婢爲良及部曲、客女者聽之。皆由家長給手書，長子以下連署，仍經本屬申牒，除附。』這就是說：不論贖身、放免，都要家長寫一手書，長子連署，以給與奴婢，更須申報州縣，然後才發生效力。

十七、奴婢買賣與其禁令　奴婢中的官奴，主要的是由俘虜，犯罪者，及他們子孫而成的；此外如前所述，也有由民間納付於政府者。私奴方面如何？這也有下列的區別：（一）

被掠捕者；（二）由饑餓及其一家的其他情形而自己賣身，或爲父母尊長所賣者；（三）被掠捕或誘拐之後，由甲手賣於乙手者；（四）自己投靠於主家而爲主家所養育者；（五）由甲主家轉賣於乙主家者；（六）爲婢招配偶其間所生之子女；（七）婢之配偶；（八）奴婢之子孫，即家生子等。而關於買賣證書，雖有：（一）由於單純的私製證書；（白契）（二）由於向官府納稅，經官廳認許，曾捺有官印的證書（印契或紅契）之別，但私奴婢方面，主要的總是由於買賣而來的，則不待多言。

關於這種人身買賣，中國歷代對於當事之間在和平中所成立的契約，雖也有給以公許的例證，【註七】但也不是沒有加以禁止的事實，尤其關於掠賣、誘拐等事，法規上曾嚴加禁止，並且還有規定制裁的場合。但法文和法的精神既有互相矛盾的事實，而在實施方面，官吏又往往實行私曲，或墮入於『省事』主義的場合，所以實際上究竟實行了幾何，還是大大的疑問，簡言之，大概多不過是一種所謂具文罷。然而如史書所示，則在漢代已發布有『賣人禁令』，後漢書光武紀上，有建武七年五月之詔，曰：『吏民遭飢亂，及爲賊所掠爲奴婢下妻，欲去留者悉聽之。敢拘執不還，以賣人法從事！』其所謂賣人法，現在條文已失，雖無由而知，但若引用晉書刑法志之陳羣的新律序，則有『盜律有私賣買人』之句，日知錄之註上，惠氏引用盜律云：『略人、略賣人 私賣人爲奴婢者死』；而蕭何之九章律一篇上又有盜律，所以光武帝之詔敕上所謂『賣人法』這種東西，大概可以說是其盜律中所規定的一部分罷。總之，人身買賣，在漢代已經禁止，掠賣固不待言，卽私賣也在禁令之中，是可以想像的。

唐代以後的律例（宋、明、淸）上，關於略賣、（私賣）私賣的課罪，也都是很嚴重的，卽在尊長、父兄賣却其子孫的場合，也設有相當的罰則。【註八】所以明代以來，傳說人身買賣的契約的書中，不曰奴婢，而書爲『義男義女』。【註九】

惟古來的法規上，雖有人身買賣禁止的規定，但在他方面，往往可以看出與此相矛盾的規定，尤其在最近的淸代，竟也有這種現象，眞不得不說是奇怪已極！例如皇朝通考（卷二十）戶口考，奴婢一項上，有：『康熙二年定：八旗買賣人口，兩家赴市納稅記册，令領催保結列名。若係漢人，令五城司坊官驗，有該管官印票准賣，永著爲例。』這種規定就是說：若是旗人，就要旗官的領催立於保證，才准許賣之；若是漢人，就要使五城司坊官驗，有了該管官的印票，才准許賣却。此外還有：

『十一年，由買人用印例。』

『五十三年准：四十年以前白契所買之人，俱斷與買主；四十年以後，若給原價，仍准贖出爲民。雍元年，定白契買人例：自康熙四十三年起，至六十一年止，白契所買之人，俱不准贖身。』

『乾隆三年定：乾隆元年以前白契所買，作爲印契者，不准贖爲民。』

『二十八年定入官人口例：凡入官人口，年在十歲以上，至六十歲者，每口作價銀十兩；六十歲以上作銀五十兩；九歲以下每一歲銀一兩。』

這種最後所舉的一例，甚至將身價都定了，眞不得不說奇怪已極！這樣一來，淸律中所存在略賣、私賣各條，豈不是全然沒有意義，全然無效嗎？而且，律文中雖往往將奴婢身分不平等的事項規定了，但他方面又禁止人身買賣，這究竟是什麼意味呢？這一切豈不是都不成條理了嗎？不由於人身買賣而由於什麼才發生奴婢呢？清朝中恐怕也有法律學者罷，他們對於這種種矛盾不一致的法律，究竟是如何融解會通的呢？若是不能將其會通的時候，則該法律在實際上也祇能夠稱爲單純的具文罷。

自漢董仲舒以來，迄今二千年，歷朝都不能斷行禁止奴婢，一直到了前清的最末期，宣統元年，才開始發布『禁革買賣人口條例』，而將奴婢制度完全廢除了。到了民國，在一切成爲有效的法規中，雖將關於奴婢身分的條文都一律削除，主奴的名義在法律上是絕對的不准許了，但名義上總是如此，而實際上可以說是還完全沒有革除。至於特殊的賤隷階級，則實質上更可以說還依然嚴存。

現在國民政府成立之後，若更觀其禁止『奴婢納妾』一事，則在浙江方面，還可以看出一種奴婢制度的存在。奴婢納妾究竟是什麼一回事，我曾託上海方面的友人調查，但現在關於此事還不能知道。若據某中國人所告訴我們的，則：（一）有人說是以穀物而實行的人身買賣；(二)也有人說是佃戶因為要納付佃租於地主，而以奴婢代替米麥的方法納付之。但究竟如何，如蒙博雅之士賜教，是所厚望！

註一　據史記田儋列傳：『儋佯為縛其奴，從少年之廷，欲謁殺』；服虔註之曰：『古殺奴婢，皆當告官，儋欲殺令，故詐縛奴以謁也』。『謁』就是請的意思。據晉書刑法志：『奴婢捍主，主得謁殺』。總之，由秦到唐的時代，主人殺奴婢一事，乃是公認的習慣，祇不過要經過謁或請的一定程序而已。後漢光武帝的詔勅所示，就在企圖廢除這種惡習。

註二　關於主人殺其奴婢的場合之刑罰，本文中已經引用，此外一般身民若故殺他人的部曲，則處以絞罪，其他就並無死罪。若毆打殺傷奴婢，則比之毆打殺傷良民的場合，減罪二等，因此，雖故殺奴婢，亦只流遜三千里。

註三　方言：『凡民男聓婢，謂之臧；女而歸奴，謂之獲。』這就是說：古代賤良相婚者，就要將身分降低。

註四　文選報任安書之註上，引用韋昭之說云：『善人以婢為妻，生子曰獲；奴以善人為妻，生子曰臧。』

註五　元史刑法志之姦非篇云：『諸奴有女，已許嫁為良人妻，即為良人。』又云：『諸良民竊奴隸生子，子雖

毋還主；奴竊身民生子，子隨母爲良。」（據梁氏所引）

註六　請閱文獻通考，及續文獻通考之「奴婢考」一項。

註七　請閱輟耕錄奴婢一項。其文已引用於本論文中之「九，俘獲與奴隸」的部分。這也是人身買賣公許之一例。

註八　請閱唐律之盜賊律上的略人、略賣人、略和誘奴婢，略賣期親卑幼、知略和、誘和同相賣各項，及宋以後諸律。

註九　據梁啓超氏所引用之沈之奇的明律輯註，云：「祖父賣子孫爲奴婢者，問罪。給親完聚。是無罪良人，雖祖父亦不得賣子孫爲賤也。……故今之爲賣身文契者，皆不審爲奴爲婢，而曰義男義女。……」

七

以上已極簡單的將中國奴隸制度的梗概述過。而從法規上說來，則中國現在既無奴、婢，也沒有特殊的賤隸階級存在了。假使現在還有婢的存在，但在法律上也是視之爲長期雇傭人，而不能看做奴婢。並且在事實上，中國自前淸中葉起，男奴已次第絕跡，（現在當飢饉的時候，雖還有賣子的實例）祇不過有女奴隸的婢，還變相的存在着。惟男奴一種之所以漸趨絕跡，究竟是否是政府的一紙命令使之而然呢？這恐怕不一定是僅由於政府的一紙命令，而中國的經濟狀態及租稅制度的改革，實大有關係。

中國私奴——官奴另作別論——的發生，實在是經濟狀況的變化使然，本編已經說過，現在再扼要說來：就是：因土地制度的變動，於是自戰國以至秦、漢，豪強逐漸以兼併土地爲事，而他方面又因商業的發達，於是就生出奴隸的必要，如史記貨殖列傳上之『白圭，刁間，以善用奴致富』，『僮手指千，與千戶侯等』；漢書張安傳上之『家僮七百人，皆有手技作事，內治產業，累積纖微，是以能殖其富』；後漢書樊宏傳上之『課役童隸，各得其宜，上下戮力，財利數倍』等等，都可以稱爲明證。又如王褒的『僮約』，雖實在可以說是一滑稽之文，但其所敍，則十中之九是屬於農田力作之事，也就足可以窺出爲殖產而蓄養奴隸情形來。因商業發達而需要奴隸，前已舉其例，此處不贅。

其後每當喪亂之起，若一旦秩序囘復，奴隸是一時增加。這不外是因戰亂的結果，人口減少，農田荒蕪，地廣人稀，豪強兼占土地，籍農奴之力而實行開墾，以謀貨殖。地廣人稀的場合之需要多數奴隸，若觀美國南北戰爭，也就容易得到瞭解。然則中國近代經濟的狀況如何？前清中葉以後，一方面人口繁殖，他方面又有土地的限制，因此，農田爲多數人所分有，勞働力有餘裕的結果，農奴這種人，就不能發生何種利益了。所以奴隸縱或存在，但也祇是大地主所要的僅少的農奴，否則，也祇是限於士大夫、富商等之家內勞働而已。而奴之幾已絕跡，僅有婢之存在的原由，也就可以解釋了罷。

其次若說到租稅制度的改革和奴隸的關係。則中國自秦、漢以來，就實行了所謂『口算之賦』。所謂口算，已如前述，就是人頭稅。中國自古以來，又有一種兵役、徭役，都是按丁籍而徵發的。貴族、士大夫、豪強等，因爲可以有免役的特權，所以人民之苦於賦役者，遂相率逃亡，而逃亡窮於衣食的結果，遂自賣其身，或被誘略爲奴隸，或投靠豪家而爲農奴。漢代曾實行『奴婢倍算』（所謂倍算，即徵收二倍人頭稅之意）之制，其目的是在防遏奴婢的增加，而加以救濟，但並未能容易達到目的。這是因為豪強之輩，將奴婢的數目隱匿，既不是不可能，而其人頭稅縱然加倍，但他們又因為由奴婢所得的貨殖之利更大，所以對於稅金的負擔，並不以為怎樣苦痛。及至晉代，曾准許貴族、官吏、豪強等『以蔭人為衣食客及佃客』，並按其主家的階級，而限制了奴隸的數目；其立法之意，大概是想因此以限制奴隸的增加。但這不待說，也不會達到其目的。為什麼呢？這是因為一方面公認了豪強的特權，同時其羽翼之下所能包庇的奴隸階級的性質也沒有明定的結果，所以苦於賦役的人民，遂爭而投靠權門。唐代部曲之所以多，也可以說是賦役關係使之而然。宋代王安石雖實行雇役法，將人民的痛苦稍稍的緩和了，但說到租稅，則和從來毫無差異。至於元，則幾乎無政道之可言，宗室、王公、豪強之任意俘獲良民為奴隸，其所實行的暴虐，恐怕也可以說是中國史上的例外。至於明，雖可以承認其將前代的弊政釐革了若干，但及至中葉以後，則宦官之橫暴達於極點，人民苦於苛役重賦，以致自己進而賣身於豪宗達官，以求安居之地，這是稱為『投靠』。其中也還有帶地投靠，即持去自己的農田投靠於豪強，以免去丁役和重賦；而他方面因這種投靠者之日益加多，政府的收入日形減少，未投者更進而苦於賦役的結果，遂使投靠者更格外加多。明代的時候，江南的官族最多，而他們蓄奴之風之所以最盛，大體上就是由於這種原因罷。到了淸代，康熙五十一年就定有『丁隨地起』之制，而發布了『滋生人口永不加賦』的上諭。於是租稅丁役遂以土地爲基本而徵收，稅制公平，人民的苦痛就大大的緩和了。康熙帝的這種改革，雖不一定是和奴隸問題有關聯的，但其源旣淸，其末也就隨之而改，而自己甘心投靠以成爲奴隸的這種人，也就沒有了。

敬啟

『民國專題史』叢書，乃民國時期出版的著名學者、專家在某一專題領域的學術成果。所收圖書絶大部分著作權已進入公有領域，但仍有極少圖書著作權還在保護期内，需按相關要求支付著作權人或繼承人報酬。因未能全部聯系到相關著作權人，請見到此説明者及時與河南人民出版社聯系。

聯系人 楊光
聯系電話 0371-65788063
2016年3月28日